卓越工程师教育培养计划实施教材

汽车发动机匹配设计

穆芳影　朱增怀　编著

合肥工業大學出版社

内容简介

本书是作者结合自己多年来从事汽车发动机设计和匹配设计的工程实践经验，对汽车发动机匹配设计过程中的相关知识、工作流程、核心要点、经验数据和工具表单进行较为系统的归纳和总结，其主要内容包括汽车发动机匹配设计过程中经验积累、匹配设计流程、动力总成布置设计、整车性能匹配设计、发动机与整车接口系统及其附配件的匹配设计等。

本书可供汽车底盘设计工程师、发动机设计工程师和总布置设计工程师等工程技术人员作为参考用书，也可供高等院校车辆工程专业学生作为教材使用。

图书在版编目(CIP)数据

汽车发动机匹配设计/穆芳影，朱增怀编著．—合肥：合肥工业大学出版社，2017.12

ISBN 978-7-5650-3809-9

Ⅰ.①汽… Ⅱ.①穆…②朱… Ⅲ.①汽车—发动机—设计 Ⅳ.①U464.02

中国版本图书馆 CIP 数据核字(2017)第 328071 号

汽车发动机匹配设计

穆芳影　朱增怀　编著　　　　责任编辑　汤礼广

出　版	合肥工业大学出版社	版　次	2017 年 12 月第 1 版
地　址	合肥市屯溪路 193 号	印　次	2018 年 8 月第 1 次印刷
邮　编	230009	开　本	710 毫米×1000 毫米　1/16
电　话	理工编辑部：0551-62903087	印　张	14.25
	市场营销部：0551-62903198	字　数	230 千字
网　址	www.hfutpress.com.cn	印　刷	合肥现代印务有限公司
E-mail	hfutpress@163.com	发　行	全国新华书店

ISBN 978-7-5650-3809-9　　　　定价：38.00 元

前 言

随着汽车产业的发展，汽车产销量不断增加，如今在我国，汽车已不再是一种奢华品，而是作为人们生活必需品进入了千万平常百姓家。我国汽车产业的增长速度已处于全球领先地位，汽车研发能力不断增强，正在从汽车大国向汽车强国转变。

汽车是一个由车身、底盘、动力总成和电器四大系统组成的复杂系统，其中动力总成是汽车的动力源泉，是汽车的核心系统之一。发动机则是动力总成的主要部分，是汽车的心脏，它直接决定了汽车的多项性能，与用户的使用密切相关。

目前市场上论述汽车的著作很多。其中，关于汽车构造和汽车设计方面的著作，主要是介绍汽车各系统结构功能和设计要点等方面的内容，可让人们学习汽车整体方面的专业知识；关于内燃机原理和发动机设计方面的著作，重点阐述的是发动机内部结构设计、电控设计、台架标定等方面的内容，可让人们学习发动机设计、电控标定方面的专业知识。但在从事汽车发动机设计过程中，人们发现关于汽车发动机匹配设计方面的专业参考书籍却并不多，目前的工程实际工作主要还是靠发动机设计工程师、匹配设计工程师和整车总布置工程师等从业人员的经验积累来支撑，而积累需要一个长期过程。如何让工作经验较少的从业人员尽快掌握汽车发动机匹配设计过程，让人人都成为合格的匹配设计工程师，从而实现将好的发动机变成好的动力的目标呢？作者总结了自己十多年来从事发动机设计和匹配设计的经验，并吸收了同仁的优秀经验和成果，编写了这本《汽车发动机匹配设计》一书。在本书中，作者对工程实践中汽车发动机匹配设计需要用到的相关知识、工作流程、核心要点、经验数据和工具表单等进行了较为详细地归纳和整理，目的是期望对从事汽车总布置设计、发动机附配件设计和动力匹配设计的相关工程师提供力所能及的帮助。

本书按照汽车发动机匹配设计的主要工作过程来组织内容和安排结构。本书首先从汽车发动机匹配设计常见的问题入手，论述系统进行匹配设计的必要性和重要性。在接下来的正文部分中，本书先介绍整车匹配开发流程以及在开发的各个阶段汽车发动机匹配设计的工作重点；接着介绍动力总成选型设计、动力总成布置设计和整车性能匹配设计，重点介绍匹配设计过程中如何选择动力总成，以及选择后如何进行汽车发动机在机舱内的物理结构设计和整车动力性经济性计算；然后介绍对发动机在整车上性能发挥影响较大的进气系统、排气系统和冷却系统三大系统，作者认为在匹配设计过程中对这三大系统要特别关注；关于发动机相关附配件和燃油系统，作者认为对发动机性能发挥有一定的影响，或多或少地影响发动机性能的发挥，在发动机匹配设计过程中不能掉以轻心；关于悬置系统和传动系统，作者认为对发动机本身性能发挥的影响较小，但对客户实际驾驶过程中的体验影响较多，是汽车发动机匹配设计的另一重要关注点；至于整车相关附配件系统，主要从整车相关性能角度考虑，由发动机直接或间接提供动力，因此需要在发动机设计过程中给予同步考虑；由于电控系统是发动机工作的大脑，在汽车发动机匹配设计过程中重点关注其余整车接口功能的定义和各项参数的确定，因此其核心控制逻辑和控制算法要由电控设计工程师和电控标定工程师共同确定。随着汽车技术的发展，汽车新技术不断涌现，汽车发动机匹配设计内容和趋势也在不断变化，因此本书结尾部分对汽车发动机匹配新趋势进行了简要介绍。

汽车发动机匹配设计过程需要的知识点较多，书中介绍的知识虽然大多数是作者自己的工作经验和感悟，但也有部分内容是作者同仁的经验和智慧。在此，作者对给自己撰写提供帮助的各位领导、同仁和朋友表示真诚的谢意。特别要对在本书撰写过程中提出大量宝贵意见和建议的安徽江淮汽车集团股份有限公司技术中心华从波先生表示衷心的感谢。

由于作者水平有限，本书的缺点和错误在所难免，期望读者批评指正。

穆芳影　朱增怀

2017 年 12 月于合肥

目　　录

第一章　汽车发动机匹配设计常见问题

汽车诞生百余年来，特别是从汽车产品的大批量生产及汽车工业的大发展以来，汽车已为世界经济的大发展和人类社会的进步做出了不可磨灭的贡献。进入21世纪，世界汽车行业呈现出组织集团化、技术高新化、供货系统化和经营全球化等新特点。2002年我国正式加入WTO以后，我国汽车产业不但没有受到严重冲击，反而出现爆发式增长，汽车生产继续大幅提速，汽车产业对经济增长的贡献明显提高，汽车产业已成为我国国民经济的重要支柱产业。我国汽车制造业的迅速崛起，不仅使自身在国民经济发展中完成了从“配角”到“主角”的转变，同时也为中国确立了世界汽车制造大国的地位。从全球汽车产量排名表看，2000年的世界10大产车国分别是美国、日本、德国、法国、韩国、西班牙、加拿大、意大利、巴西和墨西哥，中国在第11位。在后来的两年中，我国汽车产量超过意大利、巴西、墨西哥、韩国、西班牙和加拿大等6个国家，一举跃居世界第5。目前，中国已成为全球第一大汽车市场，2016年产销量分别为2811.9万辆和2802.8万辆，持续保持高速增长态势。

尽管我国已经成为汽车制造和消费大国，但我国远非汽车制造强国，长期存在的开发能力弱是严重制约我国汽车工业发展的突出问题，因此，重视开发能力建设，加大技术创新力度，提高企业产品的自主井发能力是增加市场竞争力的客观需要，也是解决当前我国汽车企业开拓生存空间和发展空间的有效措施。另一方面，由于目前汽车发动机使用的仍是石油燃料，随着汽车保有量的增加以及国民经济的进步和交通运输业的发展，能源供给将日趋紧张，诸如此类的问题都需要大力提高汽车设计技术水平和设计能力。在汽车研制工作中，由于专业分工过细，因此汽车总装厂往往是选择某厂的发动机和另一厂家生产的传动系统进行匹配装车。因此容易出现这样的情况，即发动机研发部门着重于改善发动机的工作过程，降低机械损失，以减少燃油消耗率；底盘研制部门则着重于提高传动效率、整车运行阻力等。这些工作无疑是很重要的，但如果不将发动机与底盘视为一个有联系的整体进行合理匹配，任何一个部件的性能改进完全有可能由于另一部件的匹配不当而造成整体性能未得到应有的改进。统计表明，目前汽车发动机使用工况多数是远离最佳经济油耗区域，未能实现动力和传动系统的最佳匹配，而这项工作对汽车性能有决定性的影响。通过合理匹配汽车动力和传动系统、降低燃油消耗是一个值得进一步研究的课题。在总体布置开始之前进行整车和发动机性能的分析和匹配研究，能对整车的性能进行初步预测，在整车方案和各总成的参数确定之后，还能根据各总成、部件设计所提供的具体数据对整车性能尽快地做出全面、准确的预测，便于及早发现问题，进行调整和修改，这些工作都可以大幅提高设计质量、缩短研制周期。

通常对汽车的动力性和燃料经济性水平的评价，是在道路试验后进行的。这样做不但周期长、成本高，而且在产品设计阶段对整车及总成方案的确定、结构参数的选择、传动系参数与发动机的匹配等，都有一定的盲目性，可能使较优的方案遗漏，进而造成人力、财力和物力的浪费。

由于测试手段和计算工具的限制，动力传动系统的匹配，一直都采用定性分析和简单计算，靠大量积累的试验数据和反复测试的结果进行设计，需花费大量的时间和费用。随着计算机技术在汽车工程中的应用不断深入以及现代计算方法的发展，目前美国、日本以及欧洲的一些著名的汽车公司在汽车设计中广泛地采用了计算机模拟技术，并在这方面做了大量的工作，形成了一整套新的理论和新方法，并研制出了方便、可靠的计算机模拟程序，使汽车设计工作在提高汽车性能、加快研制周期方面起了巨大的作用。

一、匹配设计主要关注点

当我们评价某款整车时，首先想到的是其搭载的发动机型号，进而会考虑到其变速箱种类。由此可见，发动机和变速箱对一款汽车的重要性是毋庸置疑的。如果说发动机是汽车的心脏，那变速箱就是心脏的主动脉。发动机的动力只有经过变速箱才能传递到整车传动系统，进而驱动整车前进。那么，搭载了好的发动机的汽车就能算一款“好”车吗？一般来说，要想把好的发动机变成好的动力，需要做好发动机与整车的匹配工作，即一方面要让发动机舒服地工作，另一方面要将发动机的动力在合适的时机传递给整车，驱动整车前进。下面从这两个方面简要说明：

首先，如何让发动机舒服地工作。发动机在开发过程中，经过了大量的开发和标定工作，开发和标定工作是在特定的边界条件下完成的。发动机在整车上实际使用过程中，整车相关系统若能在发动机开发和标定中覆盖的边界条件下，则发动机将工作得更舒服，性能将发挥得更优越。若发动机工作的边界条件得不到保证，则发动机的性能将会受到很大的影响。

其次，发动机的动力能否很好地传递到整车。发动机发挥的性能，用于驱动整车前进的部分则为有用部分，其余损耗部分为无用功。努力提高有用部分比例，减少无用功占比，是需要汽车工程师重点考虑的问题。

二、匹配设计常见问题

汽车发动机匹配设计过程中常见的问题和需要注意的地方如下。

1. 进气系统匹配设计常见问题

进气系统方面，进气阻力和进气噪声是匹配过程中需要重点关注的问题。发动机设计开发初期会设定进气阻力边界条件，发动机台架标定和性能开发过程中一般按照设定的边界条件进行标定和开发。若整车进气阻力数据与发动机开发初期设定目标偏差较大，则发动机在整车上将不能很好地发挥出其真实性能，易出现发动机性能下降的情况。对于增压发动机，进气阻力还会影响增压器中间体与压气机端的压差，若进气阻力过大，易造成增压器中间体部分漏油，进而造成增压器的损坏。增压器在运转过程中，叶轮处于高速旋转状态，为了防止其过热和有足够的润滑，中间体内一般用机油进行润滑，进气阻力过大将导致压气机侧负压增大，对压气机端油封产生更大的压力，且极易导致油封密封失效损坏。进气系统匹配过程中经常出现的另一个问题是噪音的问题。发动机高速运转过程中，进气流量每小时可达几百千克，气流快速通过进气管道的过程中易产生较大的声音，部分声音容易让车内乘员产生不舒服的感受。因此，在进气系统匹配设计过程中需要进行进气噪声的分析，通过分析，在进气管路合适的位置增加谐振腔和合理设计进气管道，可大幅降低进气噪声，提高用户体验。

2. 排气系统匹配设计常见问题

排气系统方面，排气背压和排气噪声是匹配过程中需要重点关注的问题。和进气系统类似，发动机设计初期同样会设定排气背压边界条件，发动机台架标定和性能开发过程中按照设定的边界条件进行标定和开发。若整车排气背压数据与发动机开发初期设定的排气背压目标偏差较大，则发动机在整车上性能发挥将受到影响，出现动力下降的情况。对于增压发动机，排气背压过大也会导致增压器中间体油封失效，进而导致增压器漏油和增压器的损坏。排气噪声是排气系统匹配设计过程中需要重点关注的问题。排气管直径的选择和消声器结构设计均会对排气噪声产生较大的影响。实际开发过程中，通过对排气系统噪声分析和消声器设计结构的专项分析，可有效控制排气系统噪声。另外，排气噪声品质控制越来越被汽车企业所重视。从用户听觉角度出发，声音的大小和用户的体验不直接相关，高分贝的声音听起来不一定刺耳，低分贝的声音听起来也不一定悦耳。高档汽车开发过程中一方面关注排气噪声声压级的控制，另一方面也在关注排气噪声音品质的控制，部分汽车企业已形成其家族化音品质。

3. 冷却系统匹配设计常见问题

冷却系统方面，发动机水温的控制是关注的重点。高温条件下，需要控制发动机的水温，使其在发动机许用水温范围内，不出现水温报警、开锅、限扭、切空调等情况。水温高于限定值时，整车一般会采取切空调和限扭的措施，不管切空调还是限扭，都会对用户使用体验产生较大影响。水温较高的情况一般出现在环境温度较高的夏季，此时切断空调，将给用户带来极大的不便，易造成用户的不适和抱怨。限扭指的是达到一定的触发条件时通过 ECU 限定发动机输出扭矩的现象，发动机水温偏高是触发限扭策略的条件之一。限扭后，发动机输出扭矩减少，给客户的直接感觉是汽车动力减弱，若车辆处于满载或爬坡状态，这种感觉将更明显。冷却系统开锅将导致发动机冷却液喷出，若不能及时停车，将因为缺少冷却液导致发动机的损坏。发动机水温过高时，发动机的排气温度一般也较高，为了降低排气温度，一般采用燃油后喷或加浓的方式降低排温，直接导致整车油耗的增加。冷却系统匹配设计过程中经常遗漏的地方是冷却系统管路的设计和膨胀水壶位置的确定。冷却系统管路设计得不合理以及膨胀水壶位置布置得不合理将直接导致冷却液在冷却系统中流动困难，影响发动机的散热。冷却系统管路布置过程中应尽量避免反 U 形结构，即中间不宜出现明显的凸起部分，若系统布置中不可避免凸起部分，则在凸起的最高点需设置排气口，排气口一般通过管路连接至膨胀水壶。对于U形结构的冷却管路布置形式，需要在U形的两个最高点处设置排气口并用管路连接至膨胀水壶，确保冷却系统管路内的气体能顺利排出。膨胀水壶要布置在冷却系统的最高点，其下刻度线要超过其他冷却系统的最高点。

4．燃油系统匹配设计常见问题

燃油系统方面，油路的通畅和排气是关注的重点。发动机燃油系统对进入发动机的燃油有一定的压力、流量和清洁度的要求，燃油系统匹配设计的要点就是保证发动机的需求得到实现。对汽油车而言，大部分燃油泵和燃油滤清器布置在燃油箱内，需要关注的是燃油泵的压力去除燃油管路的压力损失后，到达发动机的压力是否满足其需求；燃油泵的流量是否满足发动机工作对油量的需求；燃油滤清器的过滤效率和过滤能力等是否满足发动机对燃油品质的要求。对柴油车而言，大部分采用高压共轨技术，高压油泵布置在发动机上，不需要在整车燃油系统内再布置低压燃油泵。近年来，随着排放的升级，整车高压共轨系统的压力越来越大，对整车燃油系统供油压力提出了更高的需求，部分柴油车需要在整车燃油系统中增加低压输油泵。发动机燃油系统和整车燃油系统单独设计，在整车装配时连接起来，其接口部分的设计显得尤为重要，一方面需要保证燃油的密封，另一方面需要能够快速插拔。以前大多采用钢管与软管配合并用卡箍进行密封，近些年大多采用快插接头的形式。在快插接头匹配的过程中，需要关注快插接头的公母接头和快插接口的大小及采用的标准，任何一个小细节未关注到，均有可能导致燃油系统接头的不匹配。燃油系统的排气是燃油系统匹配设计过程中需要关注的部分，一般来说，在燃油系统中布置手油泵，一方面可以排气，另一方面可以通过低压泵油排除油路中的空气，保证发动机启动后顺利工作。对汽油车可以从低压油轨接头处放气，对柴油车可以从喷油器上部螺栓处放气。

5．发电机匹配设计常见问题

发电机方面，电量的匹配是重要关注点。发动机的主要作用是为整车提供电能，因此，在任何条件下，整车不能处于馈电状态，否则将影响整车的正常使用。匹配过程中一般关注怠速时电量匹配和最大负载时电量匹配。怠速时电量匹配是按照怠速时可能遇到的最大用电负荷状态进行估算，结合蓄电池的电量和发电机的发电量，在一定时间内蓄电池不处于馈电状态即视为满足要求。在比较恶劣的工况下，如夏季的雨夜，车辆开远光灯、开空调、开雨刮器和转向灯，车内音响全开且车辆处于怠速状态，四个小时蓄电池不馈电即为满足要求。尽管这种工况在用户使用过程中极少会遇到，但不排除这种可能性。最大负载电量一般计算整车各用电器的耗电量与发电机的额定发电量之间的关系。发电机与整车线束之间的接插件匹配和部分车型转速表的匹配也是需要关注的。少量车型的发动机转速从发电机处获取，因此，需关注其数据的匹配关系。

6. 空调匹配设计常见问题

空调方面，重点关注空调压缩机安装、驱动和冷凝器对前端模块布置的影响。一般来说，空调压缩机由整车部门负责选型，但安装在发动机上，由发动机进行驱动。因此，在空调压缩机的匹配方面重点需要关注空调压缩机的安装和驱动情况。若空调压缩机不能直接安装在发动机上，可以借助空调压缩机支架进行安装。空调压缩机一般通过皮带进行驱动，在皮带选择方面需要关注各驱动部件的功率和皮带的包角等信息，选择合适的皮带宽度并在合适的位置设置张紧轮。皮带驱动的前端轮系结构，对各驱动部件的共面性要求较高，为了精确地对空调压缩机进行定位，一般在空调压缩机支架上设置定位套，同时在空调压缩机上设置定位套孔。空调压缩机的性能计算需要结合车辆乘员舱空间和制冷要求、使用环境等方面综合进行计算。如果目标市场是中东地区的车辆，那么空调系统的富余量要大于销往一般地区的车辆。空调系统匹配设计的另一个关注重点是冷凝器的布置。对于大部分乘用车型，冷凝器布置在模块散热器前端，冷凝器会对通过其空气进行加热，一定程度上影响散热器效率，布置时需要注意冷凝器与散热器之间间隙的合理性。冷凝器与前保险杠之间的密封、冷凝器与散热器之间的密封也非常重要，良好的密封可最大限度地提高进入格栅的空气的利用效率，提高前端冷却模块的换热效果，获得良好的空调性能和合适的冷却温度。冷凝器与前保险杠之间的密封一般采用塑料板类结构加橡胶片密封，冷凝器与散热器之间的密封一般采用条状海绵密封条密封。

7. 转向系统匹配设计常见问题

转向系统方面，重点关注转向泵性能的匹配。汽车出现之初，车辆并没有配备转向助力系统，彼时转动方向盘很费力。为了提高驾驶员的驾驶舒适性，目前，绝大部分车辆都配有转向助力系统。转向助力系统的核心部件是转向泵、方向机。发动机带动转向泵转动，将低压油加压，通过转向管路输送到方向机，推动方向机内部机构运转，为驾驶员转向提供助力。推动方向机后的转向油压力降低，变成低压油，再通过管路回到转向泵继续循环。转向泵性能与整车转向助力系统性能密切相关，因此，需要关注转向泵性能的匹配。根据整车质量不同，转向系统结构和性能需求不同，对转向泵的性能略有区别。一般来说，低速时需要提供更大的助力，便于驾驶员转向；高速时提供的助力略微降低，保持整车的安全性能。转向泵出油管内通过的为高压油，对不同的车型，转向泵出油管路的长度和布置形式有一定的要求，转向系统的噪音很大一部分由转向管路布置不合理造成的。

8. 制动系统匹配设计常见问题

制动系统方面，重点关注真空助力系统性能或打气泵性能对整车制动性能的影响。为了获取良好的制动性能，很多车辆采用真空助力式制动系统。对于自然吸气式发动机，可以通过从进气歧管上取真空的形式为整车制动系统提供真空助力。对于增压发动机，一般需要配备机械式真空泵或电子式真空泵。机械式真空泵由发动机驱动，电子式真空泵单独驱动。常见的机械式真空泵分为凸轮轴驱动式和发电机驱动式。凸轮轴驱动式需要关注真空泵的排量、转速、抽真空速度等，需要确保其满足整车制动系统需求。发电机驱动式因为抽真空效果相对较差，慢慢被凸轮轴驱动式取代。电子式真空泵一般根据整车制动系统需求选型即可。对于重型载货车辆，因为车辆较重，靠真空为制动系统提供助力不足以满足要求，需要通过打气泵为其提供制动助力。真空泵的性能受一个大气压的限制，打气泵的性能可以较真空泵的性能更优，可以为制动系统提供更强的助力。为了防止打气泵出气管路产生较大噪声，一般在管路上布置消声器。制动系统匹配结果对整车安全性能有很大影响，因此，需要重点关注，避免发生助力不足影响整车制动效果的情况。

第二章　汽车匹配设计开发流程

汽车发动机匹配设计流程与整车开发流程相关并贯穿整车开发全过程。目前，各主要主机厂均有各自不同的整车开发流程。不同主机厂的整车开发流程中，关于阶段的定义和节点的划分略有区别，总体来看基本包括以下几个阶段：立项阶段、策划阶段、概念设计阶段、布置设计阶段、详细设计阶段、设计验证阶段、量产准备阶段、量产阶段等。下面就从这八个阶段中匹配设计需要完成的主要工作来对匹配设计开发流程进行介绍。

一、立项阶段

立项阶段是产品开发的源头，立项阶段决定了产品开发的方向，是产品开发成败的重要过程之一。在产品立项阶段，企业经营管理团队需要结合产品市场调研结果、市场效益分析、产品开发可行性分析、投资回报分析等多种因素进行综合决策。在此阶段，匹配设计工程师需要做的工作包括整车性能可行性分析和整车布置空间可行性分析。

整车性能可行性分析是基于市场调研初步确定的整车性能目标，结合具体车型和可能的动力总成方案，开展动力总成选型和性能分析工作，对每一可能选择的动力总成方案进行整车性能分析，给出整车性能可行性分析结果。整车性能可行性分析主要分析发动机和变速箱匹配结果是否满足市场对整车产品性能的要求和国家油耗法规需求；同时，需要分析整车排放性能是否满足目标市场法规需求。

整车布置空间可行性分析主要结合具体车型和可能的动力总成方案，开展机舱布置位置确定和机舱间隙检查分析工作，对每一可能选择的动力总成方案进行分析，给出整车布置空间可行性分析结果。

根据整车性能可行性分析和整车布置空间可行性分析的结果，对可能的动力总成方案进行初步筛选，从技术角度给出动力总成选型结果的初步建议，给公司经营团队进行产品立项决策时参考。

产品开发过程中，由于整车和动力总成产品设计开发的不同步，整车、发动机、变速箱在匹配设计过程中或多或少存在一些问题。针对存在的问题，要从技术角度给出可能的解决方案。在条件允许的情况下要对设计变更给其他相关系统、部件或领域带来的影响进行分析，因为产品的设计变更可能带来工装模具的变更和生产工艺的变更，部分变动需要带来较大的生产投资。

二、策划阶段

产品开发策划阶段，主要围绕产品开发的目标，进行详细工作内容策划、项目管理方案策划和性能目标确定。在此阶段，从机车匹配设计的角度出发，核心内容是开展整车性能匹配目标的确定。整车性能目标确定需结合立项阶段可行性分析结果进一步细化，同时，需要对影响整车性能边界的各系统和零部件的参数进行定义。整车性能边界的系统和零部件的参数定义是后续开发的纲领和约束条件，也是整车性能目标达成的重要保障。

整车性能目标确定中，需要明确发动机性能目标、确定发动机与整车的接口边界需求、明确整车车辆主要参数和确定整车动力性和经济性开发目标。其中，发动机性能目标、整车动力性和经济性开发目标需明确定义的原则，说明性能目标是如何确定的。

发动机开发目标中，主要明确发动机的基本参数、发动机动力性开发目标和经济性开发目标。发动机基本参数包括但不限于排量、燃油种类和型号、排放标准、噪声指标、发动机质量范围、发动机适应海拔高度和适应环境温度范围等。发动机动力性目标包括但不限于净功率、额定转速、最大扭矩和最大扭矩转速范围、低端扭矩（一般定义 1000rpm 时的扭矩）、怠速转速等。发动机经济性指标一般包括额定工况燃油消耗率、外特性最低燃油消耗率、2000rpm@2bar 下燃油消耗率等（注：2000rpm@2bar 是发动机运行的关键工况点之一）。

发动机与整车的接口边界需求部分，需要针对影响发动机性能的主要边界参数进行定义，包括但不限于进气阻力、进气温度、排气背压、排气温度、进油温度、中冷器压降等。

车辆主要参数包括车辆基本参数和与动力性经济性密切相关的参数，

包括但不限于轴距、整备质量及前后轴荷、最大总质量及前后轴荷、承载人数、承载质量、变速箱初步速比、主减速器速比、轮胎型号、轮胎气压和轮胎滚动半径等，若车型已量产，还需提供量产车的动力性试验和经济性试验整车滑行阻力。

整车性能开发目标指整车动力性目标和经济性目标，包括但不限于最高车速、0km/h到100km/h换挡加速、0km/h到60km/h换挡加速、次高挡30km/h到100km/h加速、次高挡80km/h到120km/h加速、最高挡80km/h到120km/h加速、Ⅰ挡最大爬坡度、次高挡60km/h等速油耗、次高挡90km/h等速油耗、最高挡120km/h等速油耗、NEDC循环油耗等。因车型不同，等速油耗具体挡位和车速略有区别；因车辆面向的目标市场不同，对应的循环工况也不同，详细情况可根据目标市场不同而具体确定。

为了后续机舱间隙检查过程中有统一的判定原则，在产品开发策划阶段，需要确定机舱间隙判定原则，一般从前后左右上下六个方位对机舱主要间隙判定原则进行定义，同时还需要考虑整车装配工艺性对机舱间隙的影响和要求。产品策划阶段确定的机舱间隙判定原则相对较粗，仅作为概念设计和详细设计阶段设计参照，对于具体某处间隙的判定标准，需结合具体项目确定；对于无法满足判定标准时，可根据产品开发经验确定是否可放宽标准，若无法确定，可在保留应对方案的情况下先放宽标准，在产品开发过程中进行实车验证。

三、概念设计阶段

概念设计阶段，是对策划阶段目标的不断深入和落实。在此阶段，需要做好机舱设计边界的检查和整车性能匹配分析、发动机关键工况点分析等。对于全新平台的发动机产品开发项目，需要针对每一版本的发动机概念设计数模进行机舱边界检查，必要时参与到发动机设计方案的研讨中；由于发动机位置对机舱边界检查结果有较大影响，对于新开发的发动机，需要在设计开发过程中结合机舱布置检查结果确定是否需要调整发动机位置和姿态。发动机和变速箱位置每调整一次，动力总成关键硬点都会发生变化，因此则需要进行一轮次传动系夹角校核，以确保整车量产后传动系高效可靠的运行。

概念设计阶段是产品设计开发的重要阶段，是匹配设计工作量较大的阶段之一。概念设计阶段，产品设计方案变化较快，匹配设计工作需要同步开展。匹配设计校核和计算过程中发现的风险和问题，需要及时反馈给产品开发项目组，避免建立实物后设计变更带来的时间和成本的增加。

概念设计阶段，供应商介入产品开发过程，部分系统的匹配设计工作需要与供应商交流以便更科学地选择零部件的性能和尺寸。对整车性能有重大影响的零部件，若供应商无现有的产品可以满足要求，则需要与供应商进行协同设计开发工作。

四、布置设计阶段

布置设计阶段是概念设计阶段的深入和细化，在此阶段，重点进行机舱布置方案的详细检查、整车相关系统性能的进一步校核和确认、整车动力性经济性的校核计算等。

概念设计阶段确定的动力总成位置和边界条件，基本可以满足设计要求。由于发动机、变速箱和整车相关接口系统的设计进一步细化，需要对发动机与周边部件的间隙进行细致的检查，避免静态间隙方面存在干涉的问题。同时，需要结合经验对发动机与整车相关部件动态间隙部分进行校核和检查，避免整车运行各工况条件下发生干涉和零部件损坏现象。对于全新产品开发过程，定期进行机舱布置检查和产品数模更新后不定期进行机舱间隙检查相结合，可有效识别机舱布置过程中存在的风险，较大限度地避免问题的发生。在进行机舱间隙检查时，需要对前后左右上下六个方向上尽可能多的间隙进行检查并记录在案；不建议采用肉眼观察进行有选择性的校核和检查，因为这样很有可能遗漏重要风险点，同时，也不利于问题的追溯。

五、详细设计阶段

详细设计阶段，发动机和整车的边界基本确定完成，在此阶段主要进行遗留设计边界的确定、固化和设计验证的策划工作。

详细设计阶段，机舱布置设计的重点是进行机舱内部管线路的优化和最终确定工作。在完成管线路的确定后，发动机和整车的各接口设计冻结，可进行二维外形图绘制工作。动力总成二维外形图是对机舱布置结果的固化，是设计验证阶段的重要输入和参照标准。

详细设计阶段后期，从设计角度来说，发动机和整车匹配设计主体工作已完成，可进行设计验证策划工作。设计验证策划重点关注发动机和整车各接口系统的匹配以及发动机和整车各接口系统性能的发挥等。

六、设计验证阶段

设计验证阶段，重点进行发动机在整车上的物理搭载、性能测试和可靠性试验工作。在此阶段，实物状态和设计状态的符合性是重点工作之一，设计验证问题的跟踪和解决是另一重点工作。设计验证阶段，还需要重点关注整车性能和设计状态的一致性。

为了确保实物状态和设计状态的一致性，需要从几个方面进行把关。在样件入库阶段，需要结合图纸进行尺寸检查，对于性能件，需要厂家提供性能测试报告，有条件的主机厂可进行性能复测工作。在发动机装配后，需要进行整机评审工作，确保发动机实物状态与设计状态的一致性。在发动机提供整车装车之前，需要在台架上进行三漏检查和性能测试；提供整车用于动力性经济性测试的发动机，需要进行台架万有特性测试并确认合格后方可进行整车装配。

整车装配后，需要组织评审，对整车实物状态与设计状态的符合性进行确认。根据某台车的验证目的，确定车辆是否满足验证条件。针对试制过程中发现的问题点，需要编制整改计划并推动按期整改。评审过程中发现的匹配设计问题，需要重点组织相关方进行方案研讨，确定合理的解决方案并落实在实物上。

整车性能验证是设计验证的重要内容之一，从发动机在整车上工作边界入手，关注发动机在整车上的性能发挥，进而关注整车动力性和经济性结果与设计结果的吻合度。

七、量产准备阶段

量产准备阶段，重点进行整车产品的生产线小批量拉动工作。在此阶段，重点关注工艺相关问题并及时给予解决。匹配设计过程中，从模型角度进行制造工艺性检查，难免有疏漏的地方，通过整车生产线过线验证，可最大程度发现工艺性问题，为整车批量生产扫清障碍。

八、量产阶段

量产阶段，重点关注产品在市场上的适应性问题。我国地理环境复杂，产品在市场上难免出现适应性问题。针对市场上反馈的适应性问题，需要有针对性地进行解决。

路况条件、环境温度、海拔条件、客户驾驶习惯等都有可能导致车辆出现问题。汽车生产厂家一方面要解决好市场反馈的问题，另一方面要将处理市场适应性问题的经验形成组织记忆力，以减少在市场适应性方面的设计变更和费用支出。

第三章　动力总成选型设计

发动机选型的依据因素很多，如汽车的类型、用途、使用条件、总布置形式、总质量及动力性指标、经济性要求、材料和燃料资源、排气污染和噪声方面的法规限制、已有的发动机系列及其技术指标水平、技术发展趋势、生产条件与制造成本、市场预测情况以及将来的配件供应及维修条件等，通常要经过多种方案的比较甚至通过先行的试验研究才能选定一个好的方案。

第一节　发动机基本形式的选择

世界上绝大多数的汽车都是采用往复活塞式内燃机，其中绝大多数的轿车采用汽油机，而几乎全部的重型货车、绝大多数的中型货车和相当一部分轻型货车则采用柴油机。近二三十年来在极少数汽车上采用了转子发动机、燃气轮机、高能蓄电池和电动机等动力装置。为消除污染，以动力电池为能源的电动汽车受到各国的重视，被列为发展方向并在加紧研发中。但从目前的情况来看，在相当长的时期内，往复式内燃机仍将是汽车发动机的主要形式。因此，这里仅就汽车内燃机的选型问题进行讨论。

在汽车发动机基本形式的选择中首先应确定的是采用汽油机还是柴油机，其次是气缸的排列形式和发动机的冷却方式。

一、发动机燃料类型选择

就世界范围而言，大型汽车的发动机已经柴油化，中型汽车也多采用柴油机，轻型载货汽车采用柴油机的也不少，欧洲已将小型高速柴油机用到某些轿车上。与汽油机相比，柴油机具有油耗低、燃料经济性好、无点火系统、故障少、工作更可靠、耐久性好、寿命长、排气污染较低和防火安全性好等优点。但一般柴油机也存在振动及噪声较大、轮廓尺寸及质量较大、造价较高、起动较困难并易冒黑烟等缺点。近年来，由于柴油机在产品设计和制造工艺方面的不断完善，其上述缺点已得到较好的克服。较大马力、高转速、低噪声、小型化且运转平稳的柴油机的研制成功，使装柴油机的轻型汽车日益增多，在轿车上的装用也取得了成功。但预计在今后相当长的一段时期内，考虑到燃料使用的平衡及汽油机的转速高、升功率高、转矩适应性较好、轮廓尺寸及质量较小、便于布置、振动及噪声较低和适于高速车辆等特点，绝大多数的轿车和小型车辆仍将采用汽油机，而装载量6吨以上的汽车将全部装用柴油机，装载量2～5吨的部分轻型和中型汽车则采取两种发动机均可安装而由用户选择的方式为宜。

二、气缸排列形式选择

按气缸排列形式，发动机又有直列、水平对置和V型等区别。直列式的结构简单、维修方便、造价低廉、工作可靠、宽度小、易布置，因而在中型及以下的货车上和排量不大的轿车上得到了广泛应用。4L以下排量的汽油机多采用直列式。但对大排量的直列发动机而言，不是缸径过大，就是缸数过多，使发动机过长和过高，质量也过大。因此，在中高级以上的轿车、重型载货汽车和重型越野汽车上，采用V型发动机的日益增多。V型发动机相对于直列式有许多优点：长度显著缩短（约25%～30%），高度降低，质量减小约20%～30%；曲轴箱及曲轴的刚度增大；易于设计尺寸紧凑的高转速、大功率发动机；易于系列化，如“V6”、“V8”、“V10”及“V12”等。而直列式通常到6缸，最多8缸。对于长度受到限制的车辆来说，由于V型发动机的长度短，适宜于这类车辆的总体布置，但由于其宽度大，故在短头车上布置困难。V型发动机的造价高，故在应用中受到限制，多用于排量在6L以上和缸径大于150mm的汽油机及12L以上的柴油机。水平对置式发动机由于高度低且易于平衡，因此水平对置双缸发动机在微型汽车上得到应用。

三、冷却方式选择

按冷却方式，发动机又有水冷式和风冷式之分。水冷发动机冷却均匀可靠，散热好，气缸变形小，缸盖、活塞等主要零件的热负荷较低，可靠性高；能很好地适应大功率发动机的冷却要求；发动机增压后也易于采取措施（加大水箱、增加水泵流量）加强散热；噪声小；车内供暖易解决。因此，绝大多数的汽车都采用了水冷发动机。但因其冷却性能受气温影响显著，因此设计时应考虑避免高温天气出现发动机过热的问题。风冷发动机的冷却系统简单，维修方便；对于在沙漠和缺水地区及炎热、酷寒地区使用的适应性好，不会产生发动机过热和冻结等故障；还可省去消耗铜材的水箱。但大缸径的风冷发动机的冷却不够均匀，缸盖等有关零件的热负荷高，可靠性不及水冷式，噪声大，油耗较高，故其仅在安装小排量发动机的微型汽车上得到应用，在其他类型的汽车上应用不多。大型风冷发动机虽也能达到较高的性能指标，但需采用较多的结构和工艺措施，且造价较高。

第二节　主要性能指标的选择

一、发动机最大功率 P_{emax} 及其相应转速 n_p

发动机功率愈大则汽车的动力性愈好，但功率过大会使发动机功率利用率降低，燃油经济性下降，动力传动系的质量也要加大。因此，应合理地选择发动机功率。

设计之初可参考同类型、同级别且动力性相近的汽车的比功率进行 P_{emax} 的估算或选取。P_{emax} 亦可根据所要求的最高车速 v_{max}，按式（3－1）进行计算，具体如下：

$$P_{emax}=\frac{1}{\eta_T}\left(\frac{m_a g f}{3600}v_{max}+\frac{C_D A}{76140}v_{max}^3\right) \tag{3-1}$$

式中：P_{emax}——发动机最大功率，kW；

η_T——传动系的传动效率，对单级主减速器驱动桥的 4×2 式汽车取 $\eta_T\approx0.9$；

m_a——汽车总质量，kg；

g——重力加速度，m/s^2；

f——滚动阻力系数［对载货汽车取 0.02，对矿用自卸汽车取 0.03，对轿车等高速车辆需考虑车速影响并取 $f=0.0165+0.0001$（$v_{max}-$

50)]；

v_{max}——最高车速，km/h；

C_D——空气阻力系数（轿车取0.4～0.6，客车取0.6～0.7，货车取0.8～1.0）；

A——汽车正面投影面积，m^2。若无测量数据，可按前轮距B_1、汽车总高H、汽车总宽B等尺寸近似计算（对轿车，$A \approx 0.78BH$；对载货汽车，$A \approx B_1 H$）。

按式（3-1）求出的P_{emax}为发动机在装有全部附件下测定时得到的最大有效功率或净输出功率，它比一般发动机外特性的最大功率值低12%～20%。

在整车选型阶段还应对发动机最大功率时的转速$n_P \pm \Delta n_P$提出要求，因为它不仅影响发动机本身的技术指标和使用性能及寿命，而且影响整车的性能（例如v_{max}）、传动系的寿命以及对主减速比i_0的选择。

近年来，随着车速的提高，发动机转速也在不断地提高。同时，提高发动机转速也是提高其功率、减小其质量的有效措施。但提高转速会使活塞的平均速度加快及热负荷增高、曲柄连杆机构的惯性力增大，从而加剧磨损，导致寿命下降，并加大振动和噪声。因此，发动机转速的提高也有一定的限度。当前，轿车汽油机的n_P大多为4000～6000r/min；轻型货车汽油机的n_P大多为3800～5000r/min；中型货车汽油机的n_P多为3200～4400r/min，其柴油机的n_P多为2200～3400r/min；重型货车柴油机的n_P多为1800～2600r/min；轿车和轻型客车、轻型货车用的小型高速柴油机的n_P多为3200～4200r/min。应根据汽车与发动机的类型、最高车速、最大功率、选用的活塞平均速度、活塞冲程、缸径、缸数、工艺水平等因素来合理地确定n_P。

二、发动机最大转矩T_{emax}及其相应转速n_T

当发动机最大功率和其相应转速确定后，可用式（3-2）确定发动机的最大扭矩。

$$T_{emax} = 7019 \times \frac{\alpha \times P_{emax}}{n_P} \tag{3-2}$$

式中：T_{emax}——发动机最大扭矩，N·m；

α——扭矩适应性系数；$\alpha=\frac{T_{\text{emax}}}{T_P}$（一般汽油机 $\alpha=1.2\sim1.35$，柴油机 $\alpha=1.1\sim1.25$）；α 值的大小，标志着行驶阻力增加时，发动机沿外特性曲线自动增加扭矩的能力；α 的大小可参考同类样机的数值进行选取；

T_P——最大功率点的扭矩，N·m；

n_P——最大功率点的转速，r/min。

在选取发动机最大扭矩点的转速 n_T 时，一般希望该转速与最大功率点的转速有一定的比例关系，即保证 n_P/n_T（转速适应性系数）在 1.4 至 2.0 之间，如果 n_T 取得过高，会使 n_P/n_T 的比值变小，若小于 1.4，会使直接挡的稳定车速偏高，造成在市区内行驶、转弯等情况下增加换挡次数。所以希望 n_T 不要太高。

三、发动机适应性系数 Ψ

发动机适应性系数 Ψ 是转矩适应系数与转速适应系数的乘积，它表明发动机适应汽车行驶工况的程度，具体可按式（3-3）计算：

$$\Psi=\frac{T_{\text{emax}}}{T_P}\times\frac{n_P}{n_T} \tag{3-3}$$

Ψ 值越大，发动机的适应性越好。采用 Ψ 值大的发动机可减少换挡次数、减轻驾驶员的疲劳、减小传动系的磨损和降低油耗。现代发动机的适应性系数值，对汽油机 $\Psi=1.4\sim2.4$；对柴油机 $\Psi=1.6\sim2.6$。

第三节 传动系参数的选择

一、最小传动比的选择

整车传动系最小传动比的选择，可根据最高车速及其功率平衡图来确定。

在普通的载货汽车上，变速器的最高挡大都取 1.0，则传动系的最小总传动比即为驱动桥的主减速比 i_0，若有超速挡或副变速器、分动器时，最小传动比则为它们的速比和 i 的乘积。

二、最大传动比 i_{k1} 的选择

最大传动比为变速器的Ⅰ挡传动比与主减速器传动比的乘积。该传动比主要是用于汽车爬坡或在道路条件很差（阻力大）的情况下（此时空气阻力可以不计）汽车仍能行驶。

此时变速器最大传动比 i_{k1} 满足式（3-4）要求。

$$i_{k1} \geqslant \frac{m \times g \times (f\cos\alpha + \sin\alpha) \times r_k}{T_{emax} \times \eta_T \times i_0} \tag{3-4}$$

式中：α——最大爬坡角度，°；

r_k——车轮滚动半径，m。

求出 i_{k1} 以后，再按照式（3-5）验算一下附着条件，牵引力不应大于附着力。

$$F_{tmax} = \frac{T_{emax} \times i_{k1} \times i_0 \times \eta_T}{r_k} \leqslant F_\varphi = m_2 \times g \times \varphi \tag{3-5}$$

式中：F_{tmax}——最大牵引力，N；

F_φ ——附着力，N；$F_\varphi = m_2 \times g \times \varphi$；

m_2 ——驱动桥质量，kg；

φ ——附着系数，取 $\varphi = 0.7$。

最后验算最低挡时的最低稳定车速，该车速没有规定的限值。一般情况下，载货汽车只要能满足最大爬坡度的要求（即最大动力因数），那最低稳定车速也能满足。但越野车为了避免在松软地面上行驶时，土壤受冲击剪切破坏而损害地面附着力，要求车速很低，此时的最大传动比可通过式（3-6）求出：

$$i_{k1} = 0.377\frac{n_{min} r_k}{v_{min} i_0} \tag{3-6}$$

式中：n_{min}——发动机最低稳定转速，r/min；对于汽油机 $n_{min} = 350 \sim 500$ r/min；对于柴油机 $n_{min} = 650 \sim 850$ r/min；

v_{min}——汽车最低稳定车速，km/h；

r_k——车轮滚动半径，m；

i_0——驱动桥的主减速器传动比。

三、变速器挡位数的选择

变速器挡位数的多少，要根据汽车的类型、使用条件和性能要求及最高挡和最低挡的传动比范围大小而定。

载货汽车的吨位越小，挡位数可取少些，随着吨位的增大，挡位数也增多。这主要从动力性、经济性、操纵性、结构复杂程度及需要进行选择。

挡位数越多，发动机的功率利用率越高（高功率区工作时间长），既增加了动力性，同时也增加了发动机在低油耗区工作的可能性，提高了燃油经济性。

由于相邻挡之间的比值不能太大（一般不超过 1.7～1.8），太大时换挡困难，所以最大传动比与最小传动比比值越大，则挡位数也应增多。而挡位多的变速器如有 7 个前进挡时，其变速器的结构，特别是操纵机构会很复杂，所以有的车辆就采用增加前置或后置式副变速器的办法来解决此矛盾。如需要全轮驱动，可以增设两挡的分动器。

第四章　动力总成布置设计

发动机舱是发动机在汽车内的工作舱，发动机舱是一个复杂的区域，汽车总布置工程师在进行汽车布置时对发动机舱内的布局考虑是花费时间最长的。发动机、变速箱、发动机进排气系统、发动机冷却模块、蓄电池、保险丝盒、ABS 模块、转向器、真空助力器、洗涤液壶等多个部件需要在发动机舱内布置，因此需要结合各部件静态和动态特性设置合理的间隙。同时，由于发动机舱内存在高温热源，在整体零部件布置过程中不仅仅需要考虑基本的运动干涉、装配空间、维修方便性，还需要考虑热害热辐射的影响。

第一节　机舱布置基本原则

发动机舱布置过程中，最重要也是最困难的就是发动机在机舱内的布置位置的选择和布置方案的确定。一般来说，发动机在机舱内的布置可遵循以下六个基本原则。

、原则 1：满足静态间隙

静态间隙是指零部件在不运动状态下最小的间隙。发动机舱内零件之间的距离通常有三种，即两个静止零件之间的距离、静止零件和运动零件之间的距离、两个运动零件之间的距离。这三种状态的间隙对于发动机舱的零件来说都是经常需要考察的。对于第一种情况，两者之间的（静态）距离最好大于 10mm，否则需要对他们之间的尺寸链进行计算核查，5mm 是最小的间隙；对于第二种情况，两者之间的最小静态距离为 25mm，最小动态距离为 15mm。对于第三种情况，两者之间的最小静态距离为 30mm，最小动态距离为 15mm。动态距离的计算通常采用动态包络法进行检查。

二、原则 2：满足发动机动态包络

发动机的运动范围是通过发动机悬置的性能参数来进行定义的，这些性能参数规定了发动机的前后运动、上下运动和左右运动以及前后转动的角度。为了确认发动机周边零件布置的可靠性，需要按照发动机悬置的性能参数进行包络体的模拟，从而得到动力总成和周边零件的动态间隙，该结果不能小于 15mm。如果由于发动机舱空间太小，实在无法满足与包络的动态间隙要求，则需要确认发动机悬置的实际参数进行调整。为确保悬置能有效控制发动机的运动范围，通常悬置会进行骨架结构的限位，该限位小于发动机悬置的性能参数，这样发动机运动的范围将进一步缩小。对于运动件，可以采用三维建模软件生成动态包络，然后进行相关的间隙检查，确保达到规定的间隙要求。

三、原则 3：满足总装装配工艺的要求

动力总成通常是和副车架装配在一起，然后安装在车身上的，因此必须保证这个总成和发动机舱周边的装配间隙，保证不会因为安装台架和人为操作与周边零件的干涉，必须留出 30～35mm 的间隙。除此之外，实际上还有很多零件也需要做相关的考虑，例如发动机装配完后，需要考虑前端冷却模块的安装、蓄电池的安装以及保险丝盒等零件的安装。通常这个动态装配工艺的间隙要求为 20～30mm，零件质量越小且越容易控制的，静态的间隙可以适当缩小。安装蓄电池和保险丝盒时，两者之间的间隙应当不小于 20mm。

四、原则 4：保证乘客舱乘员的安全

发动机舱在设计时要考虑各种安全碰撞的要求，如 56 km/h 的正碰和 64 km/h 的偏置碰撞。发动机布置是否合理，直接的表现就是前围板变形和车内零件对乘员的伤害。前端碰撞是与保险杠防撞梁和左右纵梁的结构密切相关的。同时也需要考虑功能件的布置，如 ABS 装置、蓄电池、ECU 模块等结构都比较强，在 CAE 仿真分析时均视为刚体的零件，应当设置合理的碰撞能量传递路径，不能设计在碰撞路径上，避免能量直接传递给乘客。

五、原则 5：满足行人保护原则

随着 NCAP 在各个国家的传播和应用，汽车对行人的保护成为新产品开发的重要研究内容之一。按照目前较为流行的 EURO NCAP 安全条约，需要考察车辆前端对行人小腿、大腿、躯干和头部等部分的伤害指数。最有效的方法就是引导行人的碰撞倾倒路径，同时提供必要的缓冲距离，减小各个部分的伤害指数。根据欧洲行人保护法规第二阶段的条约，保险杠下端应和保险杠中部最突出的地方保持平齐，保险杠前端应有大于 70 mm 的泡沫缓冲大腿，在离地面沿前包络线为 1500 mm（在发动机盖上为一条曲线）的下方要求发动机盖和发动机舱内的硬件的距离大于 88 mm（不同的车型有不同的要求，部分车型需要达到 100mm），在大于 1500 mm 曲线的上方需要提供 94 mm 以上的空间以满足头部碰撞的要求。

六、原则 6：满足热保护布置要求

由于发动机在运转过程中会产生大量的热，并通过发动机舱内气流对流的方式或者直接辐射的方式传递给周围的零件，使它们的温度也随着升高。而无论是金属材料还是其他非金属材料对温度均有不同的反应，尤其是非金属材料，超过一定的温度会表现出较常温下有较大的性能变化。如蓄电池随着温度的增加，蓄电池的寿命将逐渐降低，超过一定的温度（约 70℃），蓄电池的寿命将大幅度的衰减；而对于电子产品如 ECU 模块，如果温度超过 80℃，不仅影响其抗电磁干扰性，同时也将影响其耐久性能；对于发动机软垫，超过 80℃，软垫性能将大幅度衰减甚至失效，对车辆的安全运行产生非常大的影响。所以在进行发动机舱内的零部件布置时，也需要充分了解它们的热力学要求，尽可能地调整它们和发动机（特别是排气管）的距离，或者在空间无法进行调整时，应采用隔热罩的方式进行改进。尽管有隔热罩，发动机排气管隔热罩和其他零件的距离也不得小于 40 mm。按照传统的经验，距离每增加 10mm，排气辐射温度约降低 100℃。

机舱布置六个基本原则为工程师们提供了基本的思路，让工作经验不足的工程师能够相对全面地掌握发动机在机舱内的布置过程中需要关注的要素。对于工作经验相对丰富的工程师，可以在机舱布置过程中贯彻机舱

布置六个原则，而不必逐条对照检查。

第二节　机舱布置基本步骤

一、基本步骤

在实际机舱布置设计过程中，按照机舱布置六个原则逐条进行确认和检查会大大影响工作效率，更多的是按照经验进行。为了更好地指导机舱布置过程，下面把工程中机舱布置基本步骤简要概括如下：

（1）确定机舱布置的边界条件。根据动力总成结构特点和整车硬点数据、产品定位、装配工艺性等信息，确定机舱布置的边界条件，作为后续机舱布置设计的输入条件和准则。

（2）确定动力总成在机舱内的位置和姿态。根据机舱布置边界条件和动力总成外形特点，确定动力总成在机舱内的具体位置和姿态。对于纵置布置形式的整车，动力总成在机舱内的位置和姿态主要用发动机曲轴中心线与缸体后端面交点的坐标以及动力总成左右倾斜角度、前后倾斜角度来确定。对于横置布置形式的整车，动力总成在机舱内的位置和姿态主要用发动机曲轴中心线与缸体后端面交点坐标、发动机左右倾斜角度、变速箱输入输出轴高度差（或变速箱输入输出轴平面与悬挂安装面的夹角）来确定。在确定动力总成位置时，要确保主要硬点满足第一条机舱边界条件要求。主要包括传动轴夹角、行人保护法规符合性、热害间隙要求、动力总成和整车主要硬点间隙要求等。每确定一个动力总成位置，需要逐条校核，直至满足所有硬性边界要求或有对应的解决方案。

（3）根据动力总成位置，校核其他部位间隙，设计各主要接口匹配关系。发动机与整车匹配设计的过程是一个不断妥协寻找最优解决方案的过程，在产品开发过程中，需要多轮次的设计检查和校核，按照重要性的优先级逐个解决存在的问题，才能实现动力总成与整车的最优匹配。在确定动力总成位置后，需要对机舱内动力总成与整车部件的间隙进行全面的校核，为了确保校核时没有遗漏的地方，需要对每次检查结果进行详细的记录，以便备查和确认。在动力总成位置确定后，可以进行动力总成与整车接口系统的匹配设计工作，包括油、水、气、电系统管线路的设计，悬置系统的设计等。只有根据动力总成在整车内的边界条件综合设计，才能实现边界系统的最优设计。各系统设计过程中需要关注对其他系统的影响，系统的设计思路显得尤为重要。

二、机舱布置举例

为更好地说明发动机舱布置过程，以某 2.0L 发动机+6 挡手动变速箱匹配某 MPV 车型的布置过程为例进行说明。

1. 定位原则

本次机舱布置使用 2.0L 发动机概念设计阶段发布的数模，匹配 6MT 变速箱，使用某 MPV 机舱概念数模。布置时同步考虑其他动力总成的布置，尽量保证发动机位置一致，保证动力总成与车身及其他周边零部件间隙合理，满足设计要求，保证足够的最小离地间隙，且动力总成不应低于副车架的下表面。

基于以上原则，动力总成最终定位结果如表 4-1 所列。

表 4-1　动力总成硬点定位结果

<table>
<tr><td>布置形式</td><td colspan="3">纵　　置</td></tr>
<tr><td rowspan="4">关键硬点</td><td rowspan="3">发动机缸体后端面和曲轴中心线的交点</td><td>X（mm）</td><td>26.8</td></tr>
<tr><td>Y（mm）</td><td>0</td></tr>
<tr><td>Z（mm）</td><td>286.2</td></tr>
<tr><td>动力总成中心线与水平面的夹角——后倾（°）</td><td colspan="2">4.5</td></tr>
</table>

2. 判定标准

结合车型特点和设计要求，确定机舱间隙判定标准如表 4-2 所列。

表 4-2　机舱间隙判定标准

序号	名　　称	最小间隙（mm）	备　注
1	离地间隙	≥160	满载

（续表）

序号	名　　称			最小间隙（mm）	备　注
2	动力总成	车身	冷的部分	≥25	
3			热的部分	≥50	
4		车身（前）	冷的部分	≥35	
5			热的部分	≥50	
6		发动机舱盖	冷的部分	≥100	
7			热的部分	≥100	
8		防火墙	冷的部分	≥35	
9			热的部分	≥50	

3. 总布置图

根据动力总成硬点位置和机舱间隙判定标准，在 3D 数模上绘制机舱总布置图，如图 4－1 所示。

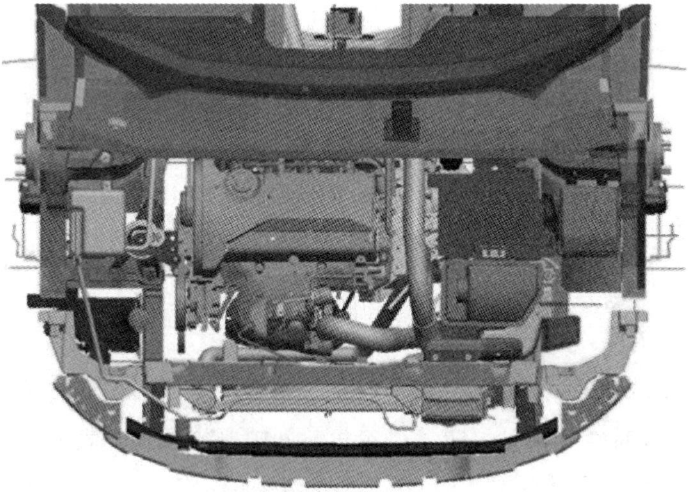

图 4－1　机舱总布置图

4. 布置结果

机舱布置检查结果如表 4－3 所列。

表 4－3　机舱间隙检查结果

序号	方位	动力总成零部件	整车零部件	间隙	设计要求	判定	备注
1	前	曲轴皮带轮	电子风扇	61.5	≥35	OK	
2		动力转向泵皮带轮	电子风扇	59.3	≥35	OK	
3	后	发动机后端	防火墙	168.8	≥35	OK	
4		发动机催化器	前围钣金	39.5	≥50	NG	
5		发动机催化器	变速箱壳体	干涉	≥15	NG	
6	左	空调压缩机	左纵梁	151	≥25	OK	
7		催化器	转向管柱	83	≥50	OK	
8		发动机排气歧管	空气滤清器	196.6	≥50	OK	
9	右	发电机	右纵梁	142.3	≥25	OK	
10		节流阀体	右纵梁	40.3	≥25	OK	投影距离
11	上	发动机上端	前围上沿	169.9	≥35	OK	
12		发动机	引擎盖	194.3	≥100	OK	
13	下	发动机油底壳	地面	279.1	≥160	OK	
14		发动机油底壳	副车架	30.1	≥25	OK	
15		发动机油底壳	转向器	50.1	≥25	OK	
16		变速箱	副车架	83.1	≥25	OK	
17		变速箱	车身下钣金	35.4	≥25	OK	

5. 布置分析

(1) 排气系统

一级催化器与变速箱壳体干涉，干涉处的孔位为变速箱工艺孔，该变速箱与其他变速箱共线生产，该处孔位不能修改且催化器与前围钣金间隙较小，应该对催化器进行优化设计，解决与变速箱干涉的问题，保证变速箱工艺孔与周边部件 15mm 的最小间隙；同时整车适当修改前围钣金特征，使其与催化器之间的间隙满足要求。

（2）进气系统

目前发动机增压器方案未最终确定，现模型中增压器进口外径为45mm，整车空滤器出口直径为80mm，整车提出空滤器出气管径不能过小，建议增大增压器进气口直径，若增大增压器进口外径，则存在空滤器出气管路布置空间不足的风险，应该由发动机设计部门对增压器进口的朝向和直径进行方案评估，整车对空滤器出气管路进行优化设计。

（3）悬置系统

由于该发动机机体相对比较内收，现发动机与整车悬置接口不匹配，整车左右悬置支架应该根据发动机重新设计。

（4）转向系统

该项目采用一体式动力转向泵，高压油管安装时无限位结构，应该在动力转向泵支架上设计限位结构。

6. 布置结论

发动机舱前端空间满足布置要求；发动机舱后端布置过程中主要存在催化器与变速箱干涉的问题，需要对催化器进行优化设计，同时保证其与前围钣金的合理间隙；发动机舱左端布置过程中主要存在空滤器出气管路走向空间不足的风险，建议整车对空滤器出气管路进行优化，同时发动机对增压器进气口的朝向和管径进行方案评估，确认增压器设计方案；发动机舱右端空间满足布置要求；发动机舱上端空间满足布置要求；发动机舱下端空间满足布置要求。

第五章　整车性能匹配设计

本章主要是对整车性能匹配设计过程中动力性和经济性匹配设计常用的计算公式和计算方法进行说明。

第一节　动力性计算

一、变速箱各挡的速度特性

变速箱各挡的速度可用式（5－1）计算，具体如下：

$$v_{ai}=0.377\frac{r_k \times n_e}{i_{gi} \times i_0} \tag{5-1}$$

式中：r_k——车轮滚动半径，m；

n_e——发动机转速，r/min；

i_{gi}——变速箱各挡变速器传动比，下标 $i=1$，2，…，p，其中 p 为挡位数；

i_0——后桥主减器传动速比；

v_{ai}——变速箱各挡速度，km/h；

车轮滚动半径 r_k 可由经验公式（5－2）计算可得，具体如下：

$$r_k=0.0254\left[\frac{d}{2}+b\ (1-\lambda)\right] \tag{5-2}$$

式中：d——轮辋直径，inch；

b——轮胎断面宽度，inch；

λ——轮胎变形系数。

二、各挡牵引力

汽车的牵引力可通过式（5－3）计算，具体如下：

$$F_{ti}(v_a)=\frac{T_{tq}(v_a)\times i_{gi}\times i_0}{r_k}\times\eta_t \tag{5-3}$$

式中：$F_{ti}(v_a)$——不同车速下汽车的牵引力，N；

$T_{tq}(v_a)$——不同车速下发动机输出使用扭矩，N·m；

η_t——传动效率。

汽车的空气阻力可通过式（5－4）计算，具体如下：

$$F_w=\frac{C_D\times A\times v_a^2}{21.15} \tag{5-4}$$

式中：C_D——空气阻力系数；

F_w——汽车的空气阻力，N；

A——汽车迎风面积，m^2。

汽车的滚动阻力可通过式（5－5）计算，具体如下：

$$F_f=G_a\times f \tag{5-5}$$

式中：G_a——满载或空载汽车总重，$G_a=m\times g$，N；

F_f——汽车的滚动阻力，N；

f——滚动阻尼系数。

汽车的行驶阻力 F_r 可通过式（5－6）计算，具体如下：

$$F_r=F_f+F_w \tag{5-6}$$

三、各挡功率计算

汽车的发动机功率可通过式（5－7）计算，具体如下：

$$P_{ei}(v_a)=\frac{T_{tq}(v_a)\times n_e}{9550} \tag{5-7}$$

式中：$P_{ei}(v_a)$——第 i（$i=1$，2，…，p）挡对应不同转速（或车速）下发动机的功率，kW。

汽车的阻力功率可通过式（5－8）计算，具体如下：

$$P_r=\frac{(F_f+F_w)\times v_a}{3600\eta_t} \tag{5-8}$$

四、各挡动力因子计算

汽车各挡对应不同转速下的动力因子可通过式（5－9）计算，具体如下：

$$D_i(v_a) = \frac{F_{ti}(v_a) - F_w}{G_a} \quad (5-9)$$

式中：$D_i(v_a)$——第 i（$i=1, 2, \cdots, p$）挡对应不同转速（或车速）下的动力因子。

各挡额定车速可按式（5－10）计算，具体如下：

$$v_{aci} = 0.377\frac{r_k \times n_{ec}}{i_{gi} \times i_0} \quad (5-10)$$

式中：n_{ec}——发动机的最高转速，r/min；

v_{aci}——各挡额定车速，km/h。

对各挡在［0，v_{aci}］内寻找 v_a 使得 $D_i(v_a)$ 达到最大，即为各挡的最大动力因子 $D_{i\max}$。

五、最高车速计算

当汽车的驱动力与行驶阻力平衡时，车速达到最高。

（1）根据最高挡驱动力与行驶阻力平衡方程，得式（5－11）：

$$F_{t.highest}(v_a) = F_r(v_a) \quad (5-11)$$

式中：$F_{t.highest}(v_a)$——最高挡驱动力，N；

$F_r(v_a)$——最高挡行驶阻力，N。

求解 v_a。舍去 v_a 中的负值或非实数值和超过额定车速的值；若还有剩余的值，则选择它们中最大的一个为最高车速，否则以最高挡额定车速 v_{ac} 作为最高车速 $v_{a\max}$。

额定车速可按式（5－12）计算，具体如下：

$$v_{ac} = 0.377\frac{r_k \times n_{ec}}{i_{gh} \times i_0} \quad (km/h) \quad (5-12)$$

式中：n_{ec}——发动机的最高转速，r/min；

i_{gh}——最高挡传动比。

（2）附着条件校验：根据驱动形式计算驱动轮的法向反力 F_n。对于 4×4 全驱车型，可通过式（5－13）计算：

$$F_n = G_a \tag{5-13}$$

对于 4×2 前驱车型，可通过式（5－14）计算：

$$F_n = \frac{G_a}{L} \times (L - a) \tag{5-14}$$

对于 4×2 后驱车型，可通过式（5－15）计算：

$$F_n = \frac{G_a}{L} \times a \tag{5-15}$$

式中：L——轴距，mm；

a——满载或空载质心距前轴的距离，mm；

F_n——驱动轮的法向反力，N。

若满足式（5－16），则表示“超出路面附着能力，达不到计算得出的最高车速值”。

$$\frac{F_{t.\,highest}}{F_n} > \varphi \tag{5-16}$$

式中：φ——道路附着系数。

六、爬坡能力计算

不同车速下的爬坡度可通过式（5－17）计算，具体如下：

$$\alpha_i = \arcsin\left(\frac{F_{ti}(v_a) - (F_f + F_w)}{G_a}\right) \tag{5-17}$$

式中：α_i——第 i（$i=1, 2, \cdots, p$）挡对应不同转速（或车速）下的爬坡度。

（1）各挡爬坡度在 $[0, v_{aci}]$ 中对 $\alpha_i(v_{ai})$ 寻优，找到最大值 $\alpha_{i.m1}$。

（2）附着条件校验：计算道路附着系数提供的极限爬坡能力 $\alpha_{i.m2}$，对于不同驱动形式车型，具体计算公式不同。对于 4×4 全驱车型，可通过式（5－18）计算：

$$\alpha_{i.m2}=\arctan\varphi \tag{5-18}$$

对于 4×2 前驱车型，可通过式（5－19）计算：

$$\alpha_{i.m2}=\arctan\left(\frac{b\times\varphi}{L+\varphi\times h_g}\right) \tag{5-19}$$

对于 4×2 后驱车型，可通过式（5－20）计算：

$$\alpha_{i.m2}=\arctan\left(\frac{a\times\varphi}{L-\varphi\times h_g}\right) \tag{5-20}$$

式中：b——满载或空载质心到后轴的距离，mm；

φ——道路附着系数；

L——轴距，mm；

$\alpha_{i.m2}$——极限爬坡能力。

取 $\alpha_{i.m1}$、$\alpha_{i.m2}$之间较小者作为一挡或直接挡的最大爬坡度。

七、最大起步坡度

（1）按式（5－21）计算最大起步驱动力 F_{tq}：

$$F_{tq}=\frac{T_{eqmax}\times i_{gq}\times i_0}{r_k}\times\eta_t \tag{5-21}$$

式中：T_{eqmax}——发动机的最大输出扭矩，N·m；

i_{gq}——起步挡位的传动比，这里分别取一挡传动比和二挡传动比；

i_0——主减速器的传动比；

η_t——起步挡（一挡或二挡）的传动效率；

F_{tq}——最大起步驱动力，N。

（2）按式（5－22）计算最大起步坡度 α_q：

$$\alpha_q=\arcsin\left(\frac{F_{tq}}{G_a\sqrt{1+f^2}}\right)-\arctan f \tag{5-22}$$

式中：α_q——最大起步坡度，rad。

（3）附着条件校验：按式（5－18）或式（5－19）或式（5－20）校验附着条件，得到极限爬坡度 α_{m2}，取 α_q 和 α_{m2}之间较小者作为最大起步坡度。

八、加速性能计算

1. 计算第 i（$i=1$，2，…，p）挡的旋转质量换算系数 δ_i

（1）如果已知经验值 δ_1、δ_2，则按式(5－23)计算：

$$\delta_i = 1 + \delta_1 + \delta_2 \times i_{gi}^2 \tag{5－23}$$

式中：i_{gi}—— 第 i 挡传动比；

δ_i—— 旋转质量换算系数。

（2）如果已知车轮的转动惯量 I_w 和飞轮的转动惯量 I_f，则按式(5－24)计算：

$$\delta_i = 1 + \frac{1}{m} \times \left(\frac{\sum I_w}{r_k^2} + \frac{I_f \times i_{gi}^2 \times i_0^2}{r_k^2} \times \eta_t \right) \tag{5－24}$$

式中：m—— 满载或空载质量，kg。

2. 计算第 $i(i=1$，2，…，p）挡加速度

第 $i(i=1$，2，…，p）挡加速度按式(5－25)计算：

$$a_i = \frac{F_{ti}(v_a) - F_r}{\delta_q \times m} = \frac{g}{\delta_i} \times (D_i - f) \tag{5－25}$$

式中：a_i—— 第 $i(i=1$，2，…，p）挡对应不同转速（或车速）下的加速度，m/s^2。

3. 计算连续起步换挡加速时间和加速距离

（1）确定最佳换挡点：设从第 i 挡换到 $i+1$ 挡（$i=1$，2，…，$p-1$）的最佳换挡点对应的车速为 v_{abi}。

（2）加速时间可通过式(5－26)计算：

$$T = \int_{v_1}^{v_2} \frac{1}{3.6} \times \frac{1}{a_i \times (v_a)} dv_a \tag{5－26}$$

（3）加速距离可通过式(5－27)计算：

$$S = \int_{t_i}^{t_2} v_a dt \tag{5－27}$$

4. 计算最高挡或直接挡加速时间

可通过式(5－28)计算最高挡或直接挡加速时间：

$$t_{p}=\int_{v_{as}}^{v_{ae}}\frac{1}{3.6}\times\frac{1}{a_{p}\times(v_{a})}\mathrm{d}v_{a} \tag{5-28}$$

式中：$a_{p}(v_{a})$—— 最高挡(或直接挡)加速度，m/s^2；

v_{ae}—— 用户指定的加速终了速度；

v_{as}—— 用户指定的加速起始速度。

九、比功率计算

按式(5－29)计算比功率 P_{p}：

$$P_{p}=\frac{P}{m} \tag{5-29}$$

式中：P—— 发动机的最大功率，kW；

m—— 汽车满载总质量，kg；

P_{p}—— 比功率，kW/kg。

十、载质量利用系数计算

按式(5－30)计算载质量利用系数 η_{m}：

$$\eta_{m}=\frac{m_{e}}{m_{0}} \tag{5-30}$$

式中：m_{e}—— 装载质量，kg；

m_{0}—— 整车整备质量，kg；

η_{m}—— 载质量利用系数。

第二节 经济性计算

一、直接挡（或超速挡）等速百公里油耗计算

1. 计算燃油消耗率 g_{e}

(1) 按式（5－31）计算行驶阻尼功率 P_{r}：

$$P_r = \frac{1}{\eta_t} \times \left(\frac{C_D \times A}{76140 \times 10^6} \times v_a^3 + \frac{G_a \times f}{3600} \times v_a\right) \tag{5-31}$$

式中：P_r——行驶阻尼功率，kW。

（2）按式（5－32）计算对应的发动机转速 n_e：

$$n_e = \frac{i_{gd} \times i_0}{0.377 r_k} \times v_a \tag{5-32}$$

式中：i_{gd}——直接挡（或超速挡）传动比。

（3）根据万有特性数据，通过插值求出对应于上面计算结果 P_r、n_e 的有效燃油消耗率 g_e（g/kW・h）。

2. 计算直接挡等速百公里油耗

直接挡等速百公里油耗可用下式计算：

$$Q_{100} = \frac{P_e \times g_e}{1.02 v_a \times \gamma} \quad (\mathrm{L/100km}) \tag{5-33}$$

式中：γ——燃料的重度，kg/m³。

二、循环工况百公里燃油消耗量

1. 怠速工况的计算

（1）燃油消耗量

怠速工况燃油消耗量 Q_i 可通过式（5－34）计算：

$$Q_i = g_{e_i} t \tag{5-34}$$

式中：g_{e_i}——怠速燃油消耗率，g/kW・h；

t——怠速工况时间（由标准工况决定），s；

Q_i——怠速工况燃油消耗量，mL。

（2）行驶距离

怠速工况下行驶距离 $S_i = 0$ m。

2. 匀速工况的计算

（1）燃油消耗量

匀速工况下发动机功率可通过式（5－35）计算：

$$P_c=\frac{1}{\eta_t}\left(\frac{C_D A}{76140\times10^6}v_a^3+\frac{G_a f}{3600}v_a\right) \tag{5-35}$$

匀速工况下发动机转速可通过式（5-36）计算：

$$n_c=\frac{i_g i_0}{0.377r_k}v_a \tag{5-36}$$

式中：r_k——车轮滚动半径，m。

由 P_c、n_c 根据万有特性插值得到燃油消耗率 g_{e_c}，按式（5-37）计算燃油消耗量：

$$Q_c=\frac{P_c\times g_{e_c}}{367.1\gamma}t \tag{5-37}$$

式中：t——匀速工况时间，s。

（2）行驶距离

匀速工况下行驶距离 S_c 可通过式（5-38）计算：

$$S_c=\frac{v_a}{3.6}t \tag{5-38}$$

式中：v_a——匀速工况的行驶速度，km/h；

t——匀速工况时间，s。

3. 加速工况的计算

（1）燃油消耗量

在加速初速度 v_s 和末速度 v_e 中均匀取 50 个点，记为 v_i，按匀速工况计算中同样方法计算燃油消耗率，并按式（5-39）计算各速度下单位时间的燃油消耗：

$$g_{t_i}=\frac{1}{367.1\times1000\gamma}P_e(v_i)\times g_{e_i} \tag{5-39}$$

加速时间可通过式（5-40）计算：

$$\Delta t=\frac{\Delta v}{3.6a} \tag{5-40}$$

式中：a——加速度，m/s²。

燃油消耗量按式(5-41) 计算：

$$Q_a = \sum g_{t_i} \times \Delta t \tag{5-41}$$

(2) 行驶距离

加速工况下行驶距离 S_a 可通过式(5-42)计算：

$$S_a = \frac{v_e^2 - v_s^2}{25.92a} \tag{5-42}$$

式中：a ——加速度，m/s²。

4. 减速工况计算

(1) 燃油消耗量

减速工况燃油消耗量可通过式（5-43）计算：

$$Q_d = g_{e_i} \times t \tag{5-43}$$

式中：g_{e_i} ——燃油消耗率，g/kW·h；

t ——减速工况时间，s。

(2) 行驶距离

减速工况行驶下行驶距离 S_d 可通过式（5-44）计算：

$$S_d = \frac{v_s^2 - v_e^2}{25.92a'} \tag{5-44}$$

式中：v_s ——减速运动的初速度，m/s；

v_e ——减速运动的末速度，m/s；

a' ——减速度，m/s²。

5. 循环工况百公里油耗计算

各工况之总油耗记为 Q_t，总的行驶路程记为 S_t，可通过式（5-45）计算：

$$Q_t = Q_i + Q_c + Q_a + Q_d \tag{5-45}$$

循环工况百公里油耗可通过式（5-46）计算：

$$Q = \frac{Q_t}{S_t} \times 100 \tag{5-46}$$

第六章　进气系统匹配设计

第一节　进气系统结构和功能

进气系统是将新鲜空气通过一定的管路引入发动机气缸燃烧的系统。进气系统的作用是向发动机提供充足、清洁、干燥和一定温度的空气，保证发动机的正常运转。

一、整车进气系统的结构和功能

1. 整车进气系统的结构

整车进气系统主要由以下部分组成：

（1）空气滤清器；

（2）空气滤清器进气管路；

（3）空气滤清器出气管路；

（4）中冷器及其进出气管路（仅对带增压中冷发动机）；

（5）增压器接进气歧管管路（仅对带增压发动机）。

某增压中冷车型整车进气系统示意图如图 6－1 所示。

图 6－1　某整车进气系统示意图

2. 整车进气系统的功能

整车进气系统的主要功能是将车外的新鲜空气引到发动机进气系统，持续不断地为发动机正常工作提供清洁、干燥、温度合适的新鲜空气。

整车进气系统是整个进气系统的核心部分，直接决定进气系统的性能和效果：通过滤芯保证进入发动机进气系统内空气的清洁，通过整车总进气口的合理设计和空滤器的排水设计保证进入发动机进气系统内空气的干燥，通过中冷器保证进入发动机进气管内的空气温度合适。

对于自然吸气车型，进入发动机进气管内的空气温度约高于环境温度5℃～10℃，对发动机的工作是适宜的。对于增压车型，空气进增压器加压后，温度上升至一百多摄氏度，对发动机来说是不适宜的，需要专门的机构来降低气体温度，这就是中冷器及其进出气管路。根据中冷器结构、布置位置和进入中冷器气体温度不同，中冷器一般最大可实现气体温度降低60℃～80℃的效果。

二、发动机进气系统的结构和功能

1. 发动机进气系统的结构

发动机进气系统主要由以下部分组成：

（1）进气歧管；

（2）节气门或进气弯管；

（3）进气歧管垫片；

（4）节气门或进气弯管垫片。

某汽油机进气系统组成如图6－2所示。

某柴油机进气系统组成如图6－3所示。

图6－2　某汽油机进气系统示意图

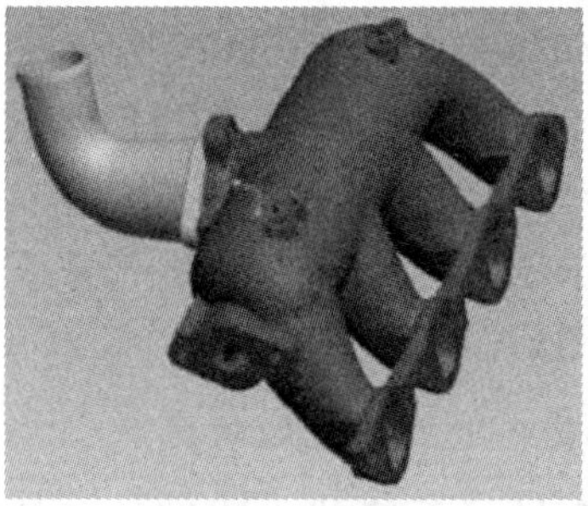

图6－3　某柴油机进气系统示意图

2. 发动机进气系统的功能

发动机进气系统的主要功能有：均匀分配给发动机各缸充足的清洁空

气；保证进气流畅性，降低流动损失；组织部分或全部进气旋流，提高油气混合程度；组织和利用进气脉冲波，提高进气效率。发动机进气系统要符合整车物理搭载要求，方便整车布置和周边附件安装。进气系统的合理性直接影响发动机的性能、可靠性，从而影响整车的性能、寿命及环保性。

进气系统的功能是为发动机提供清洁、干燥、充足的空气，系统中主要组件空滤器、管路及其设计安装将直接影响发动机功能的发挥、工作的稳定性和可靠性以及发动机寿命。

第二节　进气系统匹配原则

一、对相关系统及部件的要求

在进气系统匹配过程中，整车和发动机性能的满足，是通过对进气系统各部件及子系统的要求来完成的。

1. 进气口

空滤器原始进气口必须设置在雨、雪、灰尘不易进入的部位；应避免将机舱内热空气、散热器排出的热风和发动机排出的废气吸入进气系统；原始进气口之前不应有其他零部件阻挡。原始进气口位置要求尽可能高，外露的原始进气口必须设置雨、雪过滤装置，将吸入空气中所含的水分离出来，防止雨、雪进入进气系统，避免损坏发动机。

2. 空气滤清器

空气滤清器是发动机非常重要的配套产品之一，它保护发动机，滤除空气中的硬质灰尘颗粒，向发动机提供清洁空气，防止灰尘造成发动机磨损，对发动机的可靠性和耐久性起关键作用。

选择空气滤清器的基本原则是：空气滤清器的额定空气流量必须大于发动机在额定转速及额定功率下的空气流量，即发动机的最大进气量。同时，在安装空间允许的前提下，适当采用大容量和大流量的空气滤清器是必要的，这有助于减小空气滤清器的阻力，增大储尘能力和延长保养周期。

发动机在额定转速和额定负荷下的最大进气量与下列因素有关：

（1）发动机的排量。

（2）发动机的额定转速。

（3）发动机的吸气形式。由于增压器的作用，增压型发动机的进气量远大于自然吸气型。

（4）增压机型的额定功率。增压程度越高或采用增压中冷型，则发动机的额定功率越大，进气量也相对越大。。

（5）原始阻力。在额定流量下不大于2.2kPa，在110%额定流量下不大于2.4kPa。

（6）滤清效率。在额定流量下原始滤清效率不低于99.5%，全寿命效率不低于99.9%，旋流片粗滤效率不低于85%。

（7）储尘能力。在额定流量下，阻力达到6.35kPa或总成滤清效率下降到99%时，空气滤清器的台架寿命试验的时间不小于12h。

（8）耐破能力。额定流量下通过加灰使空气滤清器滤芯的阻力达到8kPa时，滤芯不得出现破裂现象。

（9）耐高低温能力。按国家标准进行试验，滤芯不得出现破裂、密封失效或有漏灰痕迹。

（10）耐湿能力。按国家标准试验，抗水性试验不少于200min，将滤芯在水中浸泡4h，快速将阻力上升到极限6.35kPa时，滤芯不得出现破裂损坏。

（11）密封有效性。所有密封部位以及总成出口管道的密封处不得有漏气现象。

（12）可靠性。进行使用性模拟振动试验，加速度6.8g，频率33.3Hz，连续4h，所有零部件不得出现裂损，密封部位不得失去密封有效性，即经效率试验不得有漏灰痕迹。

3. 进气管路

进气管路的安装应考虑在适当的位置增加固定支架，以免因其自重或相应的运动而使进气歧管或增压器承受各种应力。

在空滤器到发动机之间必须使用一段胶管，以抵消发动机和底盘之间的相对位移，该软管应有足够的刚度，以防止负压造成吸扁、破损和局部狭小，或由于振动而变形；该软管还应能在－40℃～＋120℃下长期使用，有足够的耐老化能力。

在空滤器到发动机进口之间应采用金属成形管或硬塑料成形管；从空滤器出口管径到发动机进口管径要逐渐过渡，并尽量避免方向的急剧改变，杜绝直角或锐角弯，两个135°拐角比一个90°拐角阻力损失小很多；管路应尽可能避免焊接，如果不得不焊接时，应防止假焊、脱焊出现缝隙，并应彻底清除焊渣；硬管与橡胶连接位置不允许用钢板搭接焊接成管，应该用无缝钢管制作并且管口部位有凸缘，保证橡胶管与硬管为过盈配合连接；管路内腔应光滑、清洁，不允许残留任何杂物；管路连接应密封可靠，不许有短路现象；硬管管口应有凸缘，插入橡胶管的长度确保在50mm左右，并使用平板带式卡箍紧固胶管；此段管路的固定方式要十分可靠，不得因振动而导致各管接头松脱，使未经过滤的空气直接进入增压器和发动机，引起增压器的损坏和发动机的非正常磨损。

4. 空气中冷系统

中冷器的额定流量应不低于表6-1所列的规定值；在额定流量下中冷器的压力降应不超过12.8kPa，为满足使用要求，中冷器的额定流量一般按发动机标定工况下进气量的1.1倍来确定。

中冷器应有足够的散热面积和迎风面积，以保证发动机在标定工况下出口温度不高于规定值：在最终选定的风扇流量、冷风压降的情况下，车辆行驶的全负荷工况，中冷器的出口温度相对于环境温度的温升，对于乘用车、载货汽车和前置客车不应大于25℃；对于后置客车不应大于30℃。设计完成后要经试验验证。

中冷系统的管路布置应简洁，固定牢靠，并尽量减少方向的改变，方向改变处应使用金属管，不得使用橡胶管；中冷系统管路安装应不会因其自重或相应的运动使进气歧管和增压器承受各种应力；中冷系统的管路应采用金属管连接，对管件的要求同进气管路；管口之间的连接必须采用耐热耐压橡胶管，应能耐高温250℃和高压400kPa以上，推荐采用夹布硅胶或硅胶编织管；刚性管口之间的间隙推荐值为20～30mm；金属管插入橡胶管的长度确保在45mm以上，并使用平板带式卡箍紧固胶管。绝对不允许管路中存在任何漏气现象，否则发动机无法发出正常功率，加速性和最高车速都达不到设计要求。

中冷器和连接管路的清洁度对发动机至关重要，整个中冷系统所有零部件所含杂质的总和不得超过 90 mg，且杂质颗粒最大不得超过 1.6μm。

关于增压器压气机出口连接管，建议设计成直的管件，圆锥形扩压角最大为 7°，以便得到最好的性能。管路长度取决于装配位置。有装配位置限制时，根据装配位置确定管路长度；没有装配空间限制时，当锥角管截面积达到初始位置两倍时管径不再变化，此时可根据中冷器位置确定管路走向。

中冷器额定流量推荐的中冷器散热面积见表 6－1 所列。

表 6－1　中冷器额定流量、推荐散热面积

编号	额定功率 (kW)	额定转速 (r/min)	中冷器流量（kg/s）	中冷器流量（m^3/h）	中冷器散热面积（m^2）(前置货车/后置客车)
1	66	3400	0.11	223.7	6/10
2	75	3200	0.14	283.9	6/10
3	85	3200	0.17	324.2	6/10
4	96	2800	0.19	372.3	11/14
5	100	2800	0.18	366.8	11/14
6	105	2800	0.18	371.4	11/14
7	110	2800	0.18	371.4	11/14

5. 进气歧管

进气歧管是发动机进气系统的主要部件，是整车进气系统与发动机燃烧室连接的通道。在进气系统匹配过程中，对进气歧管的涡流比、进气歧管的材料等都需要提出明确的要求。涡流比可根据整机缸盖的涡流比和整机的性能要求确定。

进气歧管主要有铝合金进气歧管（如 AC4B）和塑料进气歧管。由于塑料进气歧管相对金属进气歧管具有一定的优势，在工程中得到越来越多的应用。塑料进气歧管主要有以下优点。

（1）减轻发动机重量：比金属歧管重量轻 30%～50%。

（2）生产成本低：大批量生产，比金属歧管成本低 20%～30%。

（3）进气压力损失较低：塑料歧管内表面较金属歧管光滑，有效改善充气效率。

(4) 性能一致性好：注塑模具寿命可达到100万件。

(5) 集成复杂的系统和零部件：可集成可变惯性进气系统（VIS）和可变进气歧管（PDA）系统以及真空罐，不需要额外的机械加工。

二、进气系统性能匹配方法

1. 匹配方法简介

在进气系统匹配时，需要考虑进气系统管路的原始阻力（发动机额定转速、额定负荷、新空气滤清器芯）、进气系统管路最大阻力、发动机进气口温度（对增压发动机控制增压器温度）、进气管路内径（对增压发动机控制增压器进气管内径和中冷器出气口内径）、空气滤清器进气量等。对于有特殊要求的发动机还需要根据其要求进行设计，如进气流量传感器对管路折弯半径的要求等。

系统阻力对自然吸气发动机不得低于－0.35kPa（在进气总管入口处测量），增压或增压中冷发动机不得低于－0.4kPa（在压气机入口处测量）。

进气位置和管路布置必须确保环境温度与发动机进气管处的温差不得超过15℃。

进气口应远离排气通道，因为排气中的碳粒会堵塞纸质滤芯。另外，由于废气直接吸入会替换进气中的氧气，还会进一步降低发动机的功率。

进气管路必须有足够的强度和刚度，除必需的过渡接头，建议尽量少使用橡胶、塑料的接管。

选择合适的卡箍，以保证有足够的强度来固定进气管路，使进气管路的每一连接处，都有良好的密封以防止灰尘杂物进入。

管路的内壁必须平滑，以减少气流阻力，安装的管路必须保证完全密封，对焊的管子、焊缝表面必须平整无焊渣，并不得漏气。

空气滤清器应十分可靠地固定在支撑结构上，因为振动会造成滤芯的变形和不密封。

空气滤清器后的管路中任何一处缝隙，哪怕一个细小的孔，都将吸入大量的粉尘，造成发动机的磨损。

在额定空气流量下，空气滤清器总成原始滤清效率不低于99.5%；粗滤效率不低于80%；总成原始阻力不大于2.5kPa；总成使用的保养指示器保养指示真空度最大为7.5kPa；进气口处需有护罩以防止雨水或冲洗车辆的废水、轮胎旋转的飞溅物和粉尘、泥土进入发动机。

滤清器出气口至发动机进气口间管路内径一般为50～80mm，随发动机排量的增大而增大，大排量重型柴油机管路内径可达120mm以上。

2. 匹配设计参照

下面是某品牌车用发动机进气系统安装的推荐方案，供在进行进气系统匹配过程中参考。

（1）空气滤清器的除尘效率必须达到99.9%以上（采用SAE J726标准进行测试）。

（2）空气滤清器的设计应使其滤芯具备适当的使用寿命，以适用车辆运行的环境条件。

（3）滤清器为洁净滤芯时进气系统的进气阻力，不得超过发动机技术参数表中有关洁净滤清器的最大进气阻力的限值。

（4）进气系统必须安装有阻力指示装置，该装置应通过过滤接头与进气系统连接。指示报警值的设置应为发动机技术参数表中滤芯充满灰尘时的最大进气阻力。

（5）车辆上进气口的位置必须满足以下几点：

① 避免吸入发动机机舱的高温气体；

② 避免直接吸入雨水及道路飞溅液体；

③ 避免吸入排气气体；

（6）由于空气经过进气系统而对进气产生的加热作用，因此不得使进气温度与环境温度的差值超过发动机技术参数表中的规定值。

（7）当采用SAE J726方法进行测试时，进气系统应可除去进气空气中80%以上的水蒸气。

（8）自空滤器至增压器进气口间的管路必须采用防腐材料。

（9）进气系统洁净空气侧管路所使用的卡箍应为T形螺栓或其他高质量螺纹紧固形式，以便达到在车辆设计寿命期间提供有效的360°圆周密封作用。

（10）任何断开式的连接，如进气防尘罩与空滤器的连接必须处于空滤器的上游端，即必须保证空滤器至发动机进气口间管路的密封。

（11）进气系统必须允许进行日常的保养，而不必拆卸空滤器与增压器之间的任何零部件。

（12）对运行使用于存在可燃气体环境中的车辆，进气系统应设计有关闭进气的装置。

第三节　进气系统噪声及其控制

发动机的进气系统是一个非常复杂的噪声源，包含各种类型的噪声，每种噪声产生的机理也各不相同。因此，对进气系统噪声进行优化首先要明确各个噪声源产生的原因，并确定各个噪声源的供量，再有针对性地解决噪声问题。进气系统噪声从总体上可以分为空气噪声和结构噪声两大类。

一、空气噪声

进气系统的空气噪声包括脉动噪声和流体噪声。脉动噪声是由进气门的周期性开闭而产生的压力起伏变化所形成的。这部分噪声主要影响进气系统低频噪声特性。另外，如果进气管的空气柱的固有频率与周期性脉动噪声的主要频率一致时，还会产生空气柱的共鸣声。此外，由于进气口和前侧板之间可能形成一个共鸣腔，也会产生额外的噪声。流体噪声是气流以高速流经进气门流通截面形成涡流，产生的高频噪声。由于进气门流通截面是不断变化的，故这种噪声具有一定宽度的频率分布，主要频率成分在 1000Hz 以上。在节气门体处有时也会产生涡流噪声。

目前，通过进气谐振腔来改变进气噪声的频率，进而提升乘员舒适度是进气系统噪声控制的常用手段。进气谐振腔经常布置在空滤器至节气门之间管路上，具体位置、方向、大小和数量需要通过 CAE 仿真分析来确定，根据仿真分析结果选择最优方案。

二、结构辐射噪声

进气系统的结构辐射噪声是由于塑料壳体较小的刚度特性造成的，在内部压力波的激励下，壳体产生振动，外表面推动空气产生波动，从而辐射出噪声。这里所说的内部压力波实际上就是壳体内部的声波流体噪声和结构噪声处理的方法相对比较单一，而且往往不是进气系统的主要噪声。

对进气系统的结构辐射噪声问题，主要是通过对进气系统相关零部件强度和刚度的调整，改变进气系统零部件的振动频率，进而消除结构辐射噪声对乘坐舒适度的影响。

第四节　进气系统匹配参数表

为了方便汽车工程师做好进气系统匹配设计工作，对进气系统相关的设计参数进行归纳概括，具体如下：

进气系统匹配参数表主要定义了进气系统需要满足的主要性能指标以及为达到该目标各相关零部件参数设定。

一、进气系统匹配目标参数

进气系统目标参数包括进气阻力、中冷器压力损失、中冷后温度/进气温度。若目标参数无法达成，将严重影响发动机性能。此部分参数由发动机设计部门与整车设计部门一起讨论确定。参数表如表 6-2 所示。

表 6-2　进气系统匹配目标参数表

序号	项　　目		参　数
1	进气阻力	设计要求（kPa）	应小于某数值
2		测量工况	台架/整车，具体工况
3		测量位置	
4	中冷器	目标压力损失（kPa）	
5		中冷后温度（℃）	
6	进气温度（℃）		中冷后温度（增压）/进气歧管温度（NA）
7	过滤效率		

二、发动机进气系统设计参数

发动机进气系统设计参数包括发动机本体为实现进气系统匹配目标参数、参数设定和接口定义情况。此部分参数由发动机设计部门定义。参数表如表 6-3 所示。

表 6－3　发动机进气系统设计参数表

序号	项目		参数
1	空气流量计	有/无	
2		外径（mm）	
3		长度（mm）	
4		布置/装配要求	
5	增压器	有/无	
6		型式	
7		压气机进气口外径（mm）	
8		压气机进气口内径（mm）	
9		增压比	
10		压气机出气口外径（mm）	
11		压气机出气口内径（mm）	
12		压气机进气口是否带限位凸台	若带，标出高度
13		压气机进气口软管可接入深度（mm）	
14		压气机出气口是否带凸台	若带，标出高度
15		压气机出气口软管可接入深度（mm）	
16		压气机进气口温度（℃）	
17		压气机出气口温度（℃）	
18		压气机进气口坐标和朝向	
19		压气机出气口坐标和朝向	
20	温度传感器		有/无
21			安装要求及图纸
22	压力传感器		有/无
23			安装要求及图纸
24	进气（歧/弯）管		外径（mm）
25			内径（mm）
26			是否带凸台
27			进气口软管可接入深度（mm）
28	额定工况下进气量（kg/h）		
29	呼吸管路接口规格		尺寸/数量

（续表）

序号	项　　　目	参　数
30	呼吸器管路布置要求	
31	呼吸器寿命	
32	碳罐通风管接口尺寸	内径/外径

三、整车进气系统设计参数

整车进气系统设计参数是整车为实现进气系统匹配目标参数，参数设定和接口定义情况。整车进气系统主要包含空气滤清器、进气管路和中冷器三大部分。此部分参数由整车设计部门定义。参数表如表6－4所示。

表6－4　整车进气系统参数参数表

序号	项　目		参　数
1	空气滤清器	总体积（L）	
2		进口腔体积（L）	
3		出口腔体积（L）	
4		空滤器长度（mm）	
5		质量流量（kg/h）	
6		目标压损（kPa）	
7		进口压力（kPa）	
8		进口温度（℃）	
9		出气口温度（℃）	
10	进气管路	空滤前管路长度（mm）	
11		空滤前管路直径（mm）	
12		空滤后管路长度（mm）	
13		空滤后管路直径（mm）	
14		增压器至中冷器前管路长度（mm）	适用于增压机型
15		增压器至中冷器前管路直径（mm）	适用于增压机型
16		中冷器后至节气门前管路长度（mm）	适用于增压机型
17		中冷器后至节气门前管路直径（mm）	适用于增压机型

（续表）

序号	项　目		参　数
18	中冷器	前后温差 ΔT（℃）	
19		布置位置	
20		进气口外径（mm）	
21		进气口内径（mm）	
22		效率	以 MAP 图形式表达
23		放热量（kW）	
24		空气阻力（kPa）	
25		通水阻力（kPa）	
26		试验条件	
27		试验压力	
28		芯子尺寸，宽×高×长（mm）	
29		散热带波距（mm）	
30		放热面积（m^2）	
31		前面面积（m^2）	指格栅面积
32		通水断面面积（m^2）	
33		前面风速/气流量/放热量	以 MAP 图形式表达
34	中冷器	前面风速/外部风阻	以 MAP 图形式表达
35		内部气体流量/内部阻力	以 MAP 图形式表达
36		总体积（L）	
37		进口腔体积（L）	
38		出口腔体积（L）	
39		最大质量流量（kg/h）	
40		冷却介质温度（℃）	

第七章　排气系统匹配设计

第一节　排气系统结构和功能

一、发动机排气系统的结构和功能

1. 发动机排气系统的结构

发动机排气系统主要是由排气歧管、隔热板、安装螺栓等构成。在增压发动机中，排气歧管上还需要布置涡轮增压器（某涡轮增压柴油机排气系统如图 7 - 1 所示）。在小型汽油发动机的汽车上，通常在排气歧管上还布置三元催化器等（某汽油机排气系统如图 7 - 2 所示）。

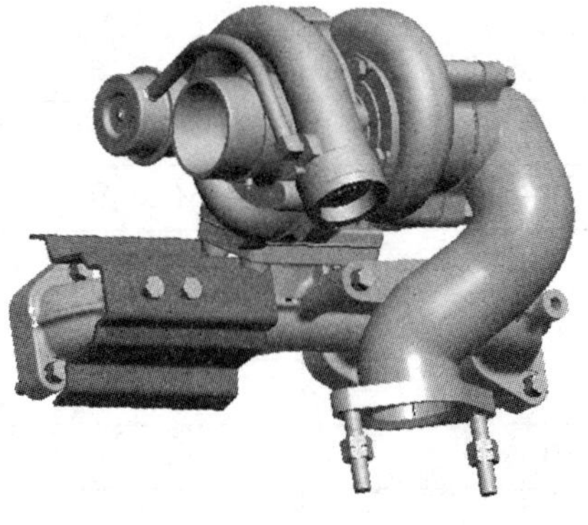

图 7 - 1　某涡轮增压柴油机排气系统图

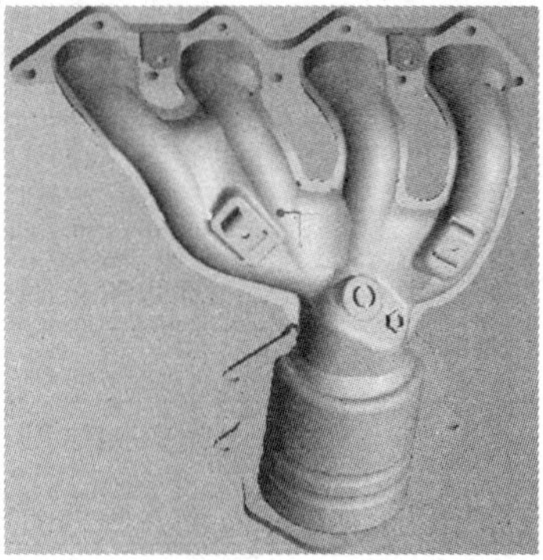

图 7 - 2　某汽油机排气系统图

2. 发动机排气系统的功能

汽车发动机的排气系统是通过排气歧管将发动机缸体内混合气燃烧时产生的高压废气排到空气中。排气系统是发动机的排污机构，它的设计理念是：最大限度地降低排气背压，提高排气的顺畅性；最大限度地降低排气产生的噪音；增强隔热保护措施和提高零部件可靠性；涡轮增压发动机还要考虑有效地利用排气歧管中的热能和压能。

二、整车排气系统的结构和功能

1. 整车排气系统的结构

汽车的排气系统是排出废气和降低排气噪声的总成，它主要由排气管、催化器、消声器、尾管等部位组成（某整车排气系统结构示意图如图7－3所示）。图7－3中除列出排气系统主要部件外，还列出了包括法兰、吊耳及支架、波纹管、隔热罩等附件部分，它们也是排气系统的重要部分。

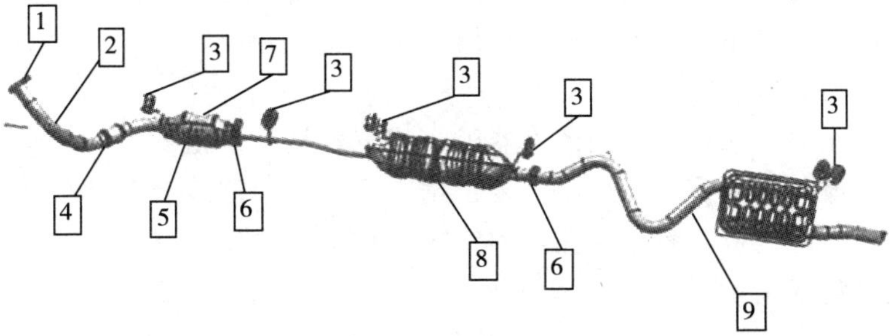

图 7－3 整车排气系统结构示意图

1—法兰；2—前排气管；3—吊耳及支架；4—波纹管；5—隔热罩；
6—法兰连接处；7—三元催化器；8—一级消声器；9—二级消声器

下面对排气系统主要部分进行简单介绍，具体如下：

(1) 排气管

排气系统看似简单，其实设计时不仅要考虑到特定的底盘布置，而且排气系统的长度、管径大小、消声器的大小都要考虑到；还要考虑排气气体的流动，防止相邻气缸排气时气流的互相干涉。在电喷发动机上，氧传感器就装在排气总管上，它感应排气中氧分子含量并反馈至发动机控制单元（ECU），从而决定进入发动机内的混合气比例。

(2) 催化器

排气总管连接催化器。催化器的关键在于“催化”，也就是利用催化剂对汽车的废气进行净化，将废气中的有害物质转化为无害物质。

催化器有氧化型、双床型、三元型等多种型式，其中最常用的是三元型催化器。催化器壳体用耐高温的不锈钢制成，内部的蜂巢式通道上涂有催化剂。催化剂的成分有铂、钯和铑等稀土金属，当汽车废气通过净化器的通道时，一氧化碳和碳氢化合物就会在催化剂铂与钯的作用下，与空气中的氧发生反应产生无害的水和二氧化碳，而氮氧化合物则在催化剂铑的作用下被还原为无害的氧和氮。

所谓三元型催化器是指汽车废气只要通过催化器本身，就可同时将废气中的三种主要有害物质转化为无害物质的一种高效率净化器。三元型催化器的净化效率很高，可以净化 90%以上的有害物质，是现代轿车上一种常用装置。当然，催化器也不是全能的，它只能适用于无铅汽油做燃料的汽车，如果使用含铅汽油，废气中的铅就会覆盖催化剂，使催化器停止工作而不起任何作用，所以现在的车用汽油一般都是无铅汽油。

（3）消声器

从催化器出来就连接到消声器了。消声器是一个横截面为圆形或者椭圆形的物体，多用薄钢板焊制，装在排气系统的中部或者后部位置上，它内部有一系列隔板、腔室、孔洞和管道，利用声波反射互相干扰抵消的现象，使声能逐渐削弱，用以隔离和衰减排气门每次打开时产生的脉动压力。目前，越来越多的消声器采用镀铝不锈钢材料，降低重量并可延长寿命。

排气门开启时高速冲出的废气所产生的脉动压力是产生噪声的根源，又称为气流噪声，噪声可达 120dB 以上，是人体承受不了的。轿车常用的消声器多是倒流式，即废气流通过元件内部时要改变方向。

现在还有一种电子消声器，传感器从排气总管出口处截取气流压力波形，反馈至计算机并由计算机指令扬声器（装在系统内）产生一个同样波形的相反波去互相抵消，从而减少噪声。

消声器虽然能降低噪声，但会降低一部分发动机功率，因为就算设计完善的消声器也会在系统中产生一些背压，从而降低发动机容积功率。因此一些竞赛车是不装消声器的，开起来噪声特别大。

（4）尾管

与消声器连接的最后一节是尾管，它是排气系统最后一段管子，将废气引出车外。尾管有单排气和双排气两种。一般V形发动机或大排量发动机采用双排气尾管，小排量车采用单排气尾管。现在部分高档车型或越野车型也采用双排气尾管结构，以提升车辆整体档次。

2. 整车排气系统的功能

整车排气系统的主要功能是把发动机在燃烧过程中产生的废气从多个气缸内收集、清洁（经催化器）、消声，然后引到车后排放，以实现发动机的正常运转。

第二节　排气系统匹配原则

一、对相关系统及部件的要求

在排气系统匹配过程中，整车和发动机性能的满足，是通过对排气系统各部件及子系统的要求来完成的。

1. 排气歧管

排气歧管的设计过程中主要是注意以下三个方面问题。

（1）流畅性

排气歧管的内表面轮廓需要符合流体流动和扩散的要求。其中需要考虑的内容有以下几点：

① 排气歧管零件内表面要光滑，减少零件本身制造缺陷带来的影响。如排气歧管内表面有较多铸造砂孔，在排气时将产生较多的小涡流，从而产生排气波动和增加排气阻力。

② 排气歧管设计要求流畅，不能有急弯、直弯等，一般采用较大弯曲的过渡设计（两倍以上的弯管直径的弯曲半径）和锥度扩散设计。典型的例子是气门座圈的设计，它存在3个角度的加工面，从燃烧室到排气歧管依次是65°、45°和10°，其设计的理念除了在运行后能和气门产生相贯的接触线保证密封性外，另一方面则是为了燃烧室的废气能够最有效地得到排出。

③ 通过设计排气歧管避免各缸排气的相互干涉。原理是每缸的气门打

开时高压气体排出会使进气歧管在短时间内压力上升，通过压力传递会影响到其他支管内的压力，当此时其他气缸需要排气时期排气压力就会较高，影响排气效果。为避免类似情况的发生，一般采用多支型排气气管或多排气管来替代单排气管。

同时，发动机进排气系统都存在一个谐振或者叫调谐的现象，其原理是当活塞下行时可导致进气歧管内产生膨胀波，该膨胀波将在进气歧管开口处被反射回来，当进气歧管长度和内径适合时，它可使进气门压力高于正常的进气压力，可以促进多进气。当然，排气管的情况则是使排气门处的压力小于正常的排气压力，这对于二冲程高速发动机的影响巨大。

（2）排气噪音

排气歧管中存在高压气体，当气体在压力急剧下降时会发出“噼噼”的噪音，同时气体发生剧烈波动时也会产生比较大的噪音，比较明显的如进排气门换气时的噪音、发动机节气门处的噪音、整车消声器处的噪音等，特别当发动机排气系统发生较大的漏气时，将发出很大的“噼噼”噪音。所以在排气歧管设计时要注意避免管路流通中截口面积突变。

（3）隔热保护措施和零部件可靠性

排气歧管和其他零部件不同之处是它处在高温高压的工作环境和对部件的耐高温和密封性有一定的要求。所以排气歧管多数部件均采用铸造，以保证它对排气部件形状和密封性的要求，同时采用能够耐高温又利于铸造的蠕铁作为材料。蠕墨铸铁强度和硬度适中，有一定的塑性和韧性，热导率较高，致密性较好，适用于制造强度要求较高和承受热疲劳的零件。但其缺点是重量大，材料消耗量大，并且美观度不够。

所以，现在要求美观和舒适的轿车用发动机有趋向采用不锈钢管来制造排气歧管，特别是催化器壳体等部件早就已经在使用不锈钢管。由于排气系统的环境恶劣，特别是涡轮增压器和催化器等部件的工作要求等原因，为了保护发动机其他部件，因此必须对排气系统进行隔热处理。

2. 增压器

增压器生产厂家大都将增压器做成系列产品，供用户选择。在选择时，为保证发动机与增压器具有良好的匹配性能，必须考虑以下要求：

① 发动机应能达到预定的增压压力、空气质量流量、有效功率（动力性）以及燃油消耗率（经济性指标）等要求。

② 增压器综合效率应达到该增压器所能达到的最佳值。对于排气涡轮来说，使其发出较大扭矩和较多功率的主要途径不是过早开放排气门（因为这样会减小发动机指示效率），而是在有限的排气压力、温度下，尽量提高其焓的利用程度。合理地设计排气管、努力提高涡轮增压器的总效率等都是极重要的措施。在正常情况下，综合效率越高，则空气质量流量越大、排温越低，同时也越有利于扫气。

③ 增压器应在发动机各种工况下稳定、可靠地工作，无超越限制值（发动机最高爆发压力、排气温度、烟度等）以及其他异常现象。

④ 要求在整个运转范围内不发生增压器喘振与阻塞，且发动机与增压器的联合运行线应穿过压气机特性曲线的高效率区，并尽可能与压气机的等效率线平行。

⑤对于车用发动机，还要求发动机的外特性具有足够的扭矩储备。

（1）增压器的安装布置

① 压气机出口连接管建议设计成直的管件，圆锥形扩压角最大为 7°，以使之得到最好的性能（长度取决于装配位置，或者直到连接管出口处直径相当于压气机出口面积的 2 倍）。选择合适的进气系统（包括进气管路设计和空气滤清器总成），控制系统进气阻力。

② 涡壳出口连接管建议为一直的管件，圆锥形扩压角（锥角）最大为 10°，以使之得到最好的性能（长度取决于装配位置，或者直到连接管出口处直径相当于涡壳出口面积的 2 倍）。涡轮出口处的排气背压应与性能试验和可靠性试验时的值相同，最大阻力应予以控制。

③ 当整车处于水平位置时，增压器回油出口轴线与铅垂直线间的夹角应不大于 35°。润滑油应在任何运行状态下能依靠重力顺利回流。回油管最小内径为 12.7mm。当整车处于水平位置时，增压器的转轴应保持水平，与地平面的夹角应不大于 10°。

④ 带水冷中间壳的增压器出水口应比进水口高，以更好在发动机停车或冷却液停止流动时利用虹吸作用带走热量。设计水管时建议减少管路在垂直方向上的弯曲。

⑤ 对于汽油机增压器，由于排温较高，发动机整体布置应确保增压器得到充分通风冷却，并且在使用增压器隔热罩时，上述情况仍能得到保证。

⑥ 增压器所承受的外部负荷不能太大，包括压气机壳、涡壳、中间壳，

其中针对 GT20 增压器涡壳出口外部负荷扭矩常温下不得大于 300N·m，扭矩点不得大于 135N·m。

（2）增压器的润滑要求

增压器采用发动机润滑油进行润滑，必须经一过滤尺寸为小于 20μm 的全流式滤清器滤清。润滑油供油管内径建议不小于 9.53mm。保证润滑油在发动机冷起动后的 4.0s 到达增压器轴承部位。增压器进油口处润滑油压力，在最大扭矩工况及以上转速时应不小于 210kPa，低怠速工况应不小于 70kPa。润滑油进油压力推荐最大值为 450kPa，最高温度为 130℃。

（3）增压器热负荷

通过热负荷试验测出增压器重要位置：压气机壳、涡壳、轴承系统、润滑油、冷却水、放气执行器等位置的温度应低于增压器所允许的最高温度，并且建议台架及整车上都进行热负荷试验。

（4）增压器振动

对于旁通阀式增压器最大允许振动为 25G，系统设计应能保证增压器处于较低的振动水平面。

3. 排气管

（1）管径选择

现阶段广泛应用的排气管直径为 ϕ43mm、ϕ46mm、ϕ49mm、ϕ51mm、ϕ54mm、ϕ57mm、ϕ60.5mm 等。对于排气管的设计，要综合考虑排气被压和排气噪声两个因素。在发动机排气量不变、消声器不变的情况下，随着管径变大，则背压降低，噪声增大；反之则背压升高，噪声降低。一般来说，对于 2L 排量的发动机，排气背压每降低 5kPa，发动机功率可增加约 1kW。排气管直径一般不小于发动机排气歧管直径。工程中可参照同排量汽车排气管直径进行选择。

（2）布置要求

① 静止状态下，排气管与周边车架、底板等部件的间隙大于或等于 25mm。

② 为确保安全，排气管与燃油箱和燃油管路之间的距离要尽可能的远一些，一般来说距离要大于或等于 100mm；必要时增加隔热装置进行隔热。

③ 线束、含有润滑脂类零部件同样对温度较敏感，为了保证线束和含有润滑脂类零部件的正常工作，也需要保持排气管与其有足够的距离，一

般来说距离要大于或等于 80mm。

④ 由于排气管路在车辆运行过程中会产生晃动，因此，在布置过程中还需要考虑极限状态下的运动干涉，以免对排气管和周边部件造成损坏。

(3) 设计基本要求

排气管路与发动机之间应增加柔性金属波纹管连接，避免排气系统振动损伤排气歧管。排气管的设计应保证排气的通畅，强度应能满足要求，排气管在进行折弯时，应尽量大于 90°，弯管折弯半径以大于 100mm 为宜，常用的折弯半径为 100mm、120mm 和 150mm。

4. 消声器

消声器作为排气系统的重要部件，对排气消声器的要求如下：

① 消声性能好，在排气噪声的整个频率范围内，应有足够的消声量，同时力求避免产生气流再生噪声。

② 阻力损失小，即消声器消耗的内燃机的功率要尽可能的小。

③ 能耐高温、耐腐蚀，机械性能好，工作可靠，使用寿命长；此外，消声器壳体及内部隔板刚度要好，以防激发强烈振动，辐射出噪声。

④ 消声器的外形尺寸应与整车协调，如轿车车架底部空间紧张，因此消声器往往做成扁平的形状。

⑤ 结构简单，工艺性好，成本低。

二、排气系统匹配原则

1. 匹配准则

① 应满足的安全要求、环保要求和其他法规要求及国际惯例。

② 消声器等部件的性能、使用要求应满足 QC/T 631（汽车排气消声器技术条件）对应的功能要求。

③ 在保证发动机最佳性能的同时，把所有排气安全地运离发动机并安静、顺畅地排到大气中去。

④ 排气系统必须把排气噪声削减到符合法令、标准或工业上公认的要求水平。

2. 性能要求

① 需安装排气制动装置时，排气制动阀不超过发动机允许的最大

背压。

② 排气系统应能够防止路面积水、雨水或者冲洗用水进入发动机或增压器。

③ 满足发动机的使用条件，需要经受500℃～950℃高温排气。

④ 选用部件的使用寿命必须满足国家及行业标准。

⑤ 排气顺畅，在发动机额定负荷和转速工况下，排气系统产生的排气背压不得大于发动机技术参数表上规定的限值。

⑥ 排气系统不得出现漏气现象。

第三节　排气系统噪声及其控制

图7－4为排气系统噪声源的示意图。噪声源包括空气动力噪声、冲击噪声、辐射噪声和气流摩擦噪声。

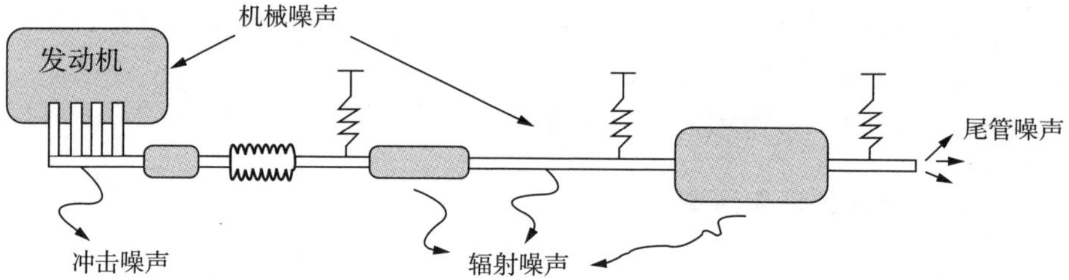

图7－4　排气系统噪声源示意图

一、空气动力噪声

发动机在运动的时候产生声音，这个声音在排气管道中传播而形成空气动力噪声。在管道中的这股声音气流是稳定的。空气动力噪声取决于排气管道的直径，气流量一定时，直径越大，空气动力噪声就越稳定。空气动力噪声的大小取决于排气系统的结构。在排气系统中，纯粹的声学设计就是针对这类噪声的。

二、冲击噪声

排气管道中不稳定的气流会对管道产生冲击，从而形成冲击噪声。比如，排气多支管弯曲段的弧度太小，发动机出来的气流会对它产生强烈的冲击，从而发出“砰”、“砰”的冲击噪声。在管道截面积突然变化的时候，也会产生冲击噪声。加大管道的过渡圆弧和渐进地改变结构的变截面积是减小冲击噪声的途径。

三、辐射噪声

当一个振动体与流体接触的时候，就会推动流体运动而产生声音。麦克风传声就是这样。排气系统的管道和消音元件被机械振动激励或者受内部流体压力波动引起振动，这些被激励的结构对外将声音辐射出去，形成了辐射噪声。在排气系统中，辐射噪声源来自三个方面：

一是机械振动。发动机会带动整个排气系统振动，车体的振动也会通过挂钩传递给排气系统。排气系统中有很多薄板，如消音器的外壳、催化器的外壳、管道的外壳等，一旦这些薄板被激起振动，就会对外辐射噪声。

二是稳定的空气气流。这种稳定的气流会对薄板结构施加稳定脉动力，从而激起薄板的振动，并辐射噪声。

三是不稳定气流。当管道中的气流速度非常高的时候，在管壁附近就会形成紊流，这股紊流不断冲击薄板产生辐射噪声。

辐射噪声的大小取决于这些薄板结构的几何尺寸、结构形状、刚度等。辐射噪声的频率与薄板结构振动的频率是一致的。消音元件辐射的声音频率一般比较低，而管道辐射的频率一般比较高，因为管道的刚度比消音元件的刚度高。

解决辐射噪声的途径有两个：一是减少流体声波的扰动，二是改变薄板结构的特征，如质量、刚度和阻尼等。

四、气流摩擦噪声

当管道中气体流动速度非常高的时候，流体与管壁之间产生摩擦，一方面形成紊流，扰动板振动并产生辐射噪声；另一方面当气流传到尾管时对外发出巨大的噪声，这就是气流摩擦噪声。

降低摩擦噪声的办法有：减小气体的流动速度，增加管道的截面积，使得管壁尽可能地光滑，避免管道中的突然转弯，在排气管口避免障碍物体，使用吸声材料，等等。

第四节　排气系统匹配参数表

排气系统匹配参数表主要定义了排气系统设计目标参数和基本设计参数。

一、排气系统匹配目标参数

排气系统设计的主要目标参数为排气背压，排气背压的大小直接影响发动机性能。

为更好地定义排气背压，对不同排气段的排气背压进行了目标值的细分，便于在实车状态下验证各段目标达成情况，为问题分析提供数据支持。

排气背压设定由发动机设计部门和整车设计部门一起讨论确定，具体参数如表 7－1 所列。

表 7－1　排气系统匹配目标参数表

序号	项　目		参　数
1	排气背压	设计要求（kPa）	应为一个范围值
2		测量工况	台架/整车，××工况
3		测量位置	排气歧管/增压器后，催化器前
4		消声器背压（kPa）	
5		消声器背压测量位置	一级消声器前 50～100mm
6		催化器背压（kPa）	
7		催化器背压测量位置	催化器前 50～100mm，催化器后 50～100mm

二、发动机排气系统设计参数

发动机排气系统设计参数是发动机本体为实现排气背压目标对相关参数定义情况，包括后处理信息、额定工况下排气参数和排气接口状态等。此部分参数由发动机设计部门定义，具体参数如表 7-2 所列。

表 7-2 发动机排气系统设计参数表

<table>
<tr><th>序号</th><th colspan="2">项　目</th><th colspan="2">参　数</th></tr>
<tr><td>1</td><td rowspan="9">排气出气口连接状态</td><td>发动机有/无接口垫</td><td colspan="2"></td></tr>
<tr><td>2</td><td>接口垫厚度（mm）</td><td colspan="2"></td></tr>
<tr><td>3</td><td rowspan="3">双头螺柱</td><td>有/无</td><td></td></tr>
<tr><td>4</td><td>规格</td><td></td></tr>
<tr><td>5</td><td>数量</td><td></td></tr>
<tr><td>6</td><td rowspan="3">螺母</td><td>有/无</td><td></td></tr>
<tr><td>7</td><td>规格</td><td></td></tr>
<tr><td>8</td><td>数量</td><td></td></tr>
<tr><td>9</td><td>连接孔中心距（mm）
孔直径（mm）
相对角度（非均布时）</td><td colspan="2">用示意图方式表达</td></tr>
<tr><td>10</td><td colspan="2">发动机排气口内径（mm）</td><td colspan="2"></td></tr>
<tr><td>11</td><td rowspan="3">额定工况下</td><td>排气口温度（℃）</td><td colspan="2">应小于或等于某数值</td></tr>
<tr><td>12</td><td>排气温度测量位置</td><td colspan="2"></td></tr>
<tr><td>13</td><td>排气量（kg/h）</td><td colspan="2"></td></tr>
<tr><td>14</td><td rowspan="8">后处理</td><td>技术路线</td><td colspan="2"></td></tr>
<tr><td>15</td><td>直径/截面积（mm）</td><td colspan="2"></td></tr>
<tr><td>16</td><td>长度（mm）</td><td colspan="2"></td></tr>
<tr><td>17</td><td>连接信息</td><td colspan="2">包含有无接口密封垫及其数量</td></tr>
<tr><td>18</td><td>图纸</td><td colspan="2"></td></tr>
<tr><td>19</td><td>安装技术要求</td><td colspan="2"></td></tr>
<tr><td>20</td><td>温度要求</td><td colspan="2"></td></tr>
<tr><td>21</td><td>试验报告</td><td colspan="2"></td></tr>
</table>

（续表）

序号	项　目	参　数
22	最高排气温度（℃）	同时应说明出现最高排气温度的工况
23	传感器安装要求	

三、整车排气系统设计参数

整车排气系统设计参数是整车为实现排气背压目标对整车排气系统部件参数定义情况。消声器等部件对发动机性能影响体现在排气背压上，因前面已对消声器背压进行了定义，此处不再对消声器参数进行定义。整车排气系统设计参数由整车部门定义，具体参数如表 7－3 所列。

表 7－3　整车排气系统设计参数

序号	项　目	参　数
1	整车排气管规格（mm）	直径×壁厚

第八章　冷却系统匹配设计

第一节　冷却系统结构和功能

汽车发动机冷却系统的作用是保证汽车发动机在最适宜的温度状态下工作，它是发动机保持正常工作的重要部件。如果汽车冷却系统发生故障，就会影响发动机的整体工作能力，因此，汽车发动机冷却系统的维护与保养就显得尤为重要。了解汽车发动机冷却系统构造及其各部件的作用是保证汽车冷却系统良好工作状态的前提。

一、冷却系统零部件

汽车发动机冷却系统为强制循环水冷系，即利用水泵提高冷却液的压力，强制冷却液在发动机中循环流动。冷却系主要由水泵、散热器、冷却风扇、补偿水箱、节温器、发动机机体和气缸盖中的水套以及附属装置等组成。

1. 冷却液

冷却液又称防冻液，是由防冻添加剂及防止金属产生锈蚀的添加剂和水组成的液体。它具有防冻性、防蚀性、热传导性和不易变质的性能。现在经常使用的是以乙二醇为主要成分且加有防腐蚀添加剂及水的防冻液。冷却液因乙二醇含量的不同，其密度和冰点也不同，具体情况如表 8－1 所列。

表 8－1　乙二醇冷却液的密度、浓度与冰点对照表

序号	乙二醇含量（V％）	密度（$\times 10^3/m^3$）	冰点（℃）	序号	乙二醇含量（V％）	密度（$\times 10^3/m^3$）	冰点（℃）
1	26.4	1.034	－10	27	64.8	1.085	－64
2	27.2	1.038	－12	28	65.6	1.086	－66

（续表）

序号	乙二醇含量（V%）	密度（×10³/m³）	冰点（℃）	序号	乙二醇含量（V%）	密度（×10³/m³）	冰点（℃）
3	29.6	1.041	−14	29	66.3	1.087	−68
4	32	1.044	−16	30	68.5	1.089	−66
5	34.2	1.048	−18	31	69.6	1.09	−64
6	36.4	1.051	−20	32	70.8	1.091	−62
7	38.4	1.053	−22	33	72.1	1.092	−60
8	40.4	1.056	−24	34	73.3	1.094	−58
9	42.2	1.059	−26	35	74.5	1.095	−56
10	44	1.061	−28	36	75.8	1.096	−54
11	45.6	1.063	−30	37	77	1.097	−52
12	47	1.064	−32	38	78.4	1.098	−50
13	48.2	1.066	−34	39	79.6	1.1	−48
14	49.6	1.068	−36	40	81.2	1.101	−46
15	51	1.07	−38	41	82.5	1.102	−44
16	52.1	1.071	−40	42	83.9	1.103	−42
17	53.6	1.073	−42	43	85.4	1.104	−40
18	54.6	1.074	−44	44	86.9	1.105	−38
19	55.6	1.075	−46	45	88.4	1.107	−36
20	56.8	1.077	−48	46	90	1.108	−34
21	58	1.078	−50	47	91.5	1.109	−32
22	59.1	1.079	−52	48	93	1.11	−30
23	60.2	1.08	−54	49	95.5	1.111	−26
24	61.2	1.081	−56	50	97.8	1.112	−20
25	62.2	1.082	−58	51	100	1.113	−13.1
26	64	1.084	−62				

2. 节温器

节温器根据冷却水温度的高低自动调节进入散热器的水量，改变水的循环范围，以调节冷却系统的散热能力，保证发动机在合适的温度范围内工作。节温器必须保持良好的技术状态，否则会严重影响发动机的正常工作。如节温器主阀门开启过迟，就会引起发动机过热；主阀门开启过早，则使发动机预热时间延长，发动机温度过低。

节温器的作用是使发动机不至于过冷。例如，在发动机正常工作以后，如果没有节温器，在冬天开车时，发动机的温度可能会太低。这时候，发动机需要暂时终止水循环来保证发动机温度不至于过低。

汽车上使用的节温器主要为蜡式节温器。蜡式节温器工作原理如图 8-1 所示。当冷却温度低于规定值时，节温器感温体内的精致石蜡呈固态，节温器阀在弹簧的压力下关闭发动机与散热器之间的通道，冷却液经水泵返回发动机，进行发动机内小循环。当冷却液温度达到规定值后，石蜡开始融化逐渐变为液体，体积随之增大并压迫橡胶管使其收缩。在橡胶管收缩的同时对推杆施以向上的推力，推杆对阀门有向下的反推力使阀门开启。这时冷却液经由散热器和节温器阀，再经水泵流回发动机，进行大循环。

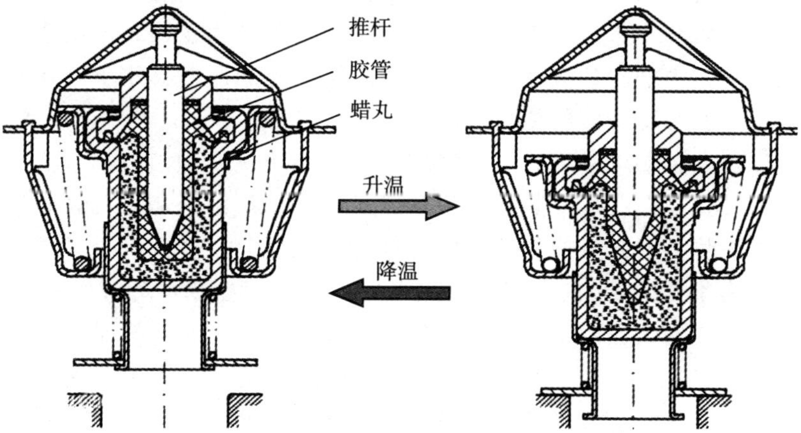

图 8-1　蜡式节温器工作原理

节温器大多数布置在发动机气缸盖的出水管路中，其优点是结构简单，容易排除冷却系统中的气泡；其缺点是节温器在工作时经常开闭，产生振荡现象。

在冬季起动冷态发动机时，冷却液温度低，节温器阀关闭。冷却液在进行小循环时，温度很快升高，节温器阀开启。与此同时，散热器内的低温冷却液流入机体，使冷却液又冷了下来，节温器阀重新关闭。等到冷却液温度再度升高，节温器阀又再次打开。直到全部冷却液的温度稳定之后，节温器阀才趋于稳定不再反复开闭。节温器阀在短时间内反复开闭的现象，称为节温器振荡。当出现这种现象时，将增加汽车的燃油消耗量。

节温器也可以布置在散热器的出水管路中。这种布置方式可以减轻或消除节温器振荡现象，并能精确地控制冷却液温度，但其结构复杂、成本较高，多用于高性能的汽车及冬季经常在高速公路行驶的汽车上。

3. 水泵

汽车发动机广泛采用离心式水泵。其基本结构由水泵壳体、连接盘或皮带轮、水泵轴及轴承或轴连轴承、水泵叶轮和水封装置等零件构成，是汽车的主要组成部分。水泵的作用是对冷却液加压，保证其在冷却系统中循环流动。

发动机通过皮带轮带动水泵轴承及叶轮转动，水泵中的冷却液被叶轮带动一起旋转，在离心力的作用下被甩向水泵壳体的边缘，同时产生一定的压力，然后从出水道或水管流出。叶轮的中心处由于冷却液被甩出而压力降低，水箱中的冷却液在水泵进口与叶轮中心的压差作用下经水管被吸入叶轮中，实现冷却液的往复循环。

支撑水泵轴的轴承用润滑脂润滑，因此要防止冷却液泄漏到润滑脂造成润滑脂乳化，同时还要防止润滑脂的泄漏。水泵防止泄漏的密封措施有水封和密封垫。水封动密封环与轴通过过盈配合装在叶轮与轴承之间，水封静密封座紧紧地压装在水泵的壳体上，从而达到密封冷却液的目的。

水泵壳体通过密封垫与发动机相连，并支撑着轴承等运动部件。水泵壳体上还有泄水孔，位于水封与轴承之间。一旦有冷却液漏过水封，可从泄水孔泄出，以防止冷却液进入轴承腔而破坏轴承润滑并导致部件锈蚀。如果发动机停止后仍有冷却液漏出，则表明水封已经损坏。

叶轮是水泵工作的核心，叶轮本身的运动很简单，只是和轴一起旋转。但由于叶片的作用，叶轮中液体的运动是很复杂的：一方面随叶轮旋转作牵连运动，另一方面在叶片的驱使下不断地从旋转着的叶轮中甩出，即相对叶轮的运动。因此叶轮的外径大小，叶轮叶片的高低及角度，以及与水泵壳体的间隙，直接影响着水泵的性能。

水泵的故障通常为水封损坏而造成漏液，轴承毛病使转动不正常或出声。在出现发动机过热现象时，最先应该注意的是水泵皮带，检查皮带是否断裂或松动。

4. 散热器

汽车散热器由进水室、出水室及散热器芯等三部分构成。

按照散热器中冷却液流动的方向可将散热器分为纵流式散热器和横流式散热器两种。按照散热器芯的结构形式可将散热器分为管片式散热器、管带式散热器以及板式散热器。汽车散热器主要有铝质和铜质两种材质，前者用于一般乘用车，后者用于大型商用车。

汽车冷却系统的功用是使汽车在所有工况下都能保持在适当的温度范围内。汽车的冷却系统有风冷与水冷之分。以空气为冷却介质的称为风冷系统，以冷却液为冷却介质的称为水冷系统。

水冷系统通常由水泵、散热器、冷却风扇、节温器、补偿水桶、发动机机体以及汽缸盖中的水套以及其他附属装置等组成。其中，散热器负责循环水的冷却，它的水管和散热片多用铝材制成；铝制水管做成扁平形状，散热片带波纹状，增强散热性能；安装方向垂直于空气流动的方向，尽量做到风阻要小，冷却效率要高。冷却液在散热器芯内流动，空气在散热器芯外通过。热的冷却液由于向空气散热而变冷，冷空气则因为吸收冷却液散出的热量而升温，所以散热器是一个热交换器。

风冷式散热是依靠空气的流通来带走热量从而达到散热的效果。风冷式发动机的缸体外部被设计制造成密集的片状结构，从而增加散热面积，以满足发动机的散热需求。风冷发动机相比于使用最多的水冷式发动机来说，具有重量轻、维护方便等优点。

5. 散热风扇

汽车在正常行驶中，高速气流已足以散热，在这时候散热风扇一般不会工作。但汽车在慢速和原地运行时，散热风扇就可能会转动来帮助散热器散热。散热风扇的起动由水温感应器控制。

汽车散热风扇分为以下几类：

（1）轴流风扇。轴流风扇的叶片推动空气以与轴相同的方向流动。轴流风扇的叶轮和螺旋桨有点类似，它在工作时，绝大部分气流的流向与轴平行，换句话说就是沿轴线方向。轴流风扇当入口气流是零静压的自由空气时，其功耗最低；当运转时随着气流反压力的上升功耗也会增加。轴流风扇通常装在电气设备的机柜上，有时也整合在电机上。轴流风扇结构紧凑，可以节省很多空间，同时安装方便，因此得到广泛应用。其特点是较高的流率、中等风压。

（2）离心风扇。离心风扇工作时，叶片推动空气以与轴相垂直的方向（即径向）流动，进气是沿轴线方向，而出气却垂直于轴线方向。在大多数情况下，使用轴流风扇就可以达到冷却效果，然而，有时候如果需要气流旋转90°排出或者需要较大的风压时，就必须选用离心风扇。其特点是有限流率、高风压。

（3）混流风扇。混流风扇又称对角线流向风扇。初一看，混流风扇和轴流风扇没什么不同，其实，混流风扇的进气是沿轴线的，然而出气却是沿轴线和垂轴线的对角线方向。这种风扇由于叶片和外罩成圆锥形，因此风压较高。在相同尺寸的条件下，与轴流风扇相比，离心风扇的噪声更低。其特点是高流率和相对较高的风压。

（4）贯流式风扇。贯流式风扇能产生大面积的风流，通常用于冷却设备的大表面。这种风扇的进气和出气均垂直于轴线。贯流风扇是使用一个比较长的圆桶状扇叶进行工作，这个圆桶状扇叶的口径比较大。因为口径大，才能在保证整体空气循环量的基础上使用比较低的转速，从而，降低由于高速运转带来的噪音。其特点是低流率、低风压。

风量是指散热风扇每分钟排出或纳入的空气总体积。如果按立方英尺来计算，风量单位就是CFM（立方英尺每分钟）；如果按立方米来算，就是CMM（立方米每分钟）。散热风扇经常使用的风量单位是CFM（约为0.028m^3/min）。风量是衡量散热风扇散热能力的最重要的指标。显然，风量越大的散热风扇其散热能力也越强。这是因为空气的热容比率是一定的，更大的风量，也就是单位时间内更多的空气能带走更多的热量。当然，同样风量的情况下散热效果和风的流动方式有关。

风压和风量是两个相对的概念。一般来说，在厂商节约成本的考量下，要设计风扇的风量大，就要牺牲一些风压。如果风扇可以带动大量的空气流动，但风压小，风就吹不到散热器的底部（这就是为什么一些风扇转速很高，风量很大，但散热效果就是不好的原因）。相反地，风压大则往往意味着风量就小，没有足够的冷空气与散热片进行热交换，也会造成散热效果不好。

风扇转速是指风扇扇叶每分钟旋转的次数，单位是 rpm。风扇转速由电机内线圈的匝数、工作电压以及风扇扇叶的数量、倾角、高度、直径和轴承系统共同决定。转速和风扇质量没有必然的联系。风扇的转速可以通过内部的转速信号进行测量，也可以通过外部进行测量。

随着应用情况与环境温度的变化，有时需要采用不同转速风扇来满足需求。一些厂商特意设计出可调节风扇转速的散热风扇，分手动和自动两种。手动的风扇主要是让用户可以在冬天使用低转速获得低噪音，夏天时使用高转速获得好的散热效果。自动类调温散热器一般带有一个温控感应器，能够根据当前的工作温度自动控制风扇的转速，温度高则提高转速，温度低则降低转速，以达到一个动态的平衡，从而让风噪与散热效果保持一个最佳的结合点。

除了散热效果之外，风扇的工作噪音也是人们普遍关注的问题。风扇噪音是风扇工作时产生杂音的大小，其受多方面因素影响，单位为 dB。测量风扇的噪声时需要在噪声小于 17dB 的消音室中进行，距离风扇 1m，并沿风扇转轴的方向对准风扇的进气口，采用 A 加权的方式进行测量。风扇噪声的频谱特性也很重要，因此还需要用频谱仪记录风扇的噪声频率分布情况，一般要求风扇的噪声要尽量的小，而且不能存在异音。

风扇噪音与摩擦力、空气流动有关。风扇转速越高、风量越大，产生的噪音也会越大；另外风扇自身的震动也是不可忽视的因素；由于风扇高速转动时转轴和轴承之间要摩擦碰撞，所以轴承也是风扇噪声的一个主要来源。针对第一种情况，可以尝试使用尺寸较大的风扇，因为在风量相同的情况下，大风扇在较低转速时的工作噪声要小于小风扇在高转速时的工作噪声。

6. 水温传感器

水温传感器其实是一个温度开关，当发动机进水温度超出 90℃以上，水温传感器将接通风扇电路。

水温传感器的结构是热敏电阻，它的作用是向发动机控制单元提供一个温度变化的模拟量信号。它的供电电压是由控制单元提供的 5V 电源，返回控制单元的信号为1.3～3.8V的线性变化信号，其主要作用是告诉发动机控制单元现在的温度是多少。它的信号对于控制单元极其重要，因为发动机在不同的工作温度下有不同的工作方法。例如：在86℃以下，发动机要比正常温度多喷10%的油料，目的是为了让发动机快速升温以减少发动机的低温磨损；而温度升到86℃以上后又要让发动机少喷点油，目的是要让温度上升慢点。

水温传感器的作用是把冷却液温度转换为电信号，输入ECU后进行如下方面的控制：

（1）修正喷油量。当低温时增加喷油量。

（2）修正点火提前角。低温时增大点火提前角。

（3）影响怠速控制阀。低温时ECU根据水温传感信号控制怠速控制阀动作，提高转速。

（4）影响EGR阀。

7. 膨胀水壶

膨胀水壶，又名蓄液罐，其作用是补充冷却液、维持系统压力和缓冲“热胀冷缩”的变化，所以不要加液过满，实际加注过程中参照其上下刻度线进行加注。如果膨胀水壶完全用空，就不能仅仅在罐中加液，需要开启散热器盖检查液面并添加冷却液，不然膨胀水壶就失去功用。膨胀水壶的容积一般为整个循环总容积的4%～6%。

二、冷却系统循环

在汽车的冷却系统中，其实有两个散热循环：一个是冷却发动机的主循环，另一个是车内取暖循环。这两个循环都以发动机为中心，使用的是同一冷却液。

（1）冷却发动机的主循环

主循环中包括了两种工作循环，即“冷车循环”和“正常循环”。冷车着车后，发动机在渐渐升温，冷却液的温度还无法打开系统中的节温器，此时的冷却液只是经过水泵在发动机内进行“冷车循环”，目的是使发动机尽快地达到正常工作温度。随着发动机温度的升高，冷却液温度升到了节温器的开启温度（通常在80℃左右），冷却循环开始了“正常循环”。这时候的冷却液从发动机出来，经过车前端的散热器散热后，再经水泵进入发动机。

（2）车内取暖的循环

这是一个取暖循环，但对于发动机来说，它同样是一个发动机的冷却循环。冷却液经过车内的采暖装置，将冷却液的热量送入车内，然后回到发动机。有一点不同的是：取暖循环不受节温器的控制，只要打开暖气，该循环就开始进行，不管冷却液是冷的还是热的。

汽车发动机冷却系统的作用是保证发动机在最适宜的温度下工作，所以在冷却系统的设计及计算中，散热器的选型以及风扇的匹配对冷却系统起着重要的作用。了解汽车发动机冷却系统构造及其各部件的作用对汽车发动机设计、维修、保养等工作将提供极大的帮助。

第二节　冷却系统布置设计原则

一、整体布置

（1）散热器芯部与发动机风扇前端面的距离为 50～100mm。

（2）若不带膨胀水壶，散热器加水口位置应处于整个冷却系统的最高点。

（3）水管固定方式为单段水管长度超过 400mm 应加辅助固定。

（4）若散热器固定方式为上下式，那么上下固定点间距应达到散热器总成高度的 60%以上，以避免摇晃。

（5）散热器固定支架设计时应不得遮挡芯部，以免造成散热能力下降。

（6）散热器布置时应考虑离地高度，不得影响整车的通过性。

（7）带中冷器的冷却系统，要考虑中冷器的位置，使中冷器便于安装固定。

二、水管

（1）发动机冷却水管具有吸收发动机振动和散热器相对运动的作用。

因此，耐热性、耐臭氧性、对冷却液的适应性及柔软性是水管应具有的性能，在实际使用中，壁厚选择在 4mm 以上，其橡胶硬度为 60～70HS。

（2）从柔软性方面考虑，中间加强型管子用 60HS，纯橡胶为 70HS，从管子连接处的密封考虑，管子内径比连接管的外径小 1mm，橡胶两端与其他管连接时，应有 30～40mm 的插入量。

三、风扇与护风圈

（1）护风圈与风扇为分体时，风扇外缘与风圈的上间隙应大于 15mm，下间隙应大于 15mm，左间隙应大于 15mm，右间隙应大于 15mm。

（2）护风圈与风扇为整体式时，风扇外缘与风圈间隙应尽可能小，考虑到加工误差，间隙应保证 4～6mm。

（3）吸入式风扇 2/3 在护风圈里，吹风式风扇 1/3 在护风圈里，带中冷器时为 1/2 在护风圈里，此比例为风扇厚度方向的尺寸。

（4）护风圈从散热安装面到风扇端面尽可能采用缩口式结构，避免进风的回流。

第三节　冷却系统匹配计算

一、水泵扬程

水泵扬程是指水泵对单位重量液体所做之功，也即单位重量液体通过水泵后其能量的增量。

扬程按式（8－1）、式（8－2）、式（8－3）计算：

$$H=\frac{100\times(p_2-p_1)}{\rho\times g}+(z_2-z_1)+\frac{v_2^2-v_1^2}{2g} \tag{8-1}$$

$$v_2=\frac{4Q}{\pi d_2^2} \tag{8-2}$$

$$v_1=\frac{4Q}{\pi d_1^2} \tag{8-3}$$

式中：H——扬程，m；

ρ——实验下的密度，kg/m^3；

z_2、z_1——测量压力 p_2 和 p_1 处至水泵中心的垂直高度，m；

p_1、p_2—出口与进口的压力，kPa；

v_1、v_2——压力 p_1 和 p_2 取压部位断面上的平均速度，m；

g——重力加速度，m/s^2，一般情况下，取 $g=9.81\text{m/s}^2$；

Q——流量，m^3/s；

d_2—出口取压部位断面内径，m；

d_1—进口取压部位断面内径，m。

二、水泵流量

水泵流量指单位时间内所输送的流体数量。它可以用体积流量 Q 表示，其常用单位为 L/min 及 m^3/s，也可以用质量流量 G 表示，其常用单位为 kg/min。它是由发动机散入冷却液的总热量和冷却液的冷却温差来决定的，其大小将影响发动机的冷却效果。

体积流量与质量流量的关系可按式（8－4）计算：

$$G=\frac{\rho\times Q}{1000} \tag{8-4}$$

式中：ρ——流体的密度，kg/m^3；

G——质量流量，kg/min；

Q——体积流量，m^3/s。

三、散入冷却系统中的热量

散入冷却系统的热量 Q_W 可按式（8－5）计算：

$$Q_W=\frac{\eta\times g_e\times N_e\times h_u}{3600} \tag{8-5}$$

式中：Q_W——散入冷却系统的热量，kJ/s；

η——传给冷却系统的热量占燃料热能的百分比（对汽油机 $\eta=0.23\sim0.30$，柴油机 $\eta=0.18\sim0.25$）；

g_e——内燃机燃料消耗率（kg/kW·h）；

N_e——内燃机功率（kW）；

h_u——燃料低热值（kJ/kg）。

四、冷却空气需要量

冷却空气需要量可按式（8－6）计算：

$$V_a=\frac{Q_W}{\Delta t_a\times\gamma_a\times c_p} \qquad (8-6)$$

式中：V_a——冷却空气需要量，m^3/s；

Q_W——散入冷却系统的热量，kJ/s；

Δt_a——空气进入散热器以前与通过散热器以后的温度差，取 $\Delta t_a=$ 10℃～30℃（经验一般取20℃）；

γ_a——空气的重度，取 $\gamma_a=1.01kg/m^3$；

c_p——空气定压比热，取 $c_p=1.047kJ/kg\cdot℃$。

第四节　冷却系统仿真分析

随着计算机技术的发展，计算机仿真手段在工程实际中得到了广泛的应用。冷却系统仿真分析中也可借助计算机手段进行。冷却系统仿真分析主要通过一维分析和三维分析耦合的方式进行，其中三维分析主要计算整车流场分布，为冷却系统一维分析提供风量等边界条件。

一、仿真分析软件

冷却系统一维分析常用的软件有Flowmaster、AME Sim、Kuli等。下面以Flowmaster软件为例进行简单介绍。

Flowmaster是全球领先的一维流体系统仿真解算工具，是面向工程的完备的流体系统仿真软件包，对各种复杂的流体系统，工程师都可以利用Flowmaster快速有效地建立其精确的系统模型，并进行完备的分析。

Flowmaster软件由英国Flowmaster公司开发，目前已被Mentor

Graphic 公司收入门下，2004 年由海基科技引入国内。开发 Flowmaster 的想法来自英国流体力学研究协会的流体系统研究项目，该协会在全世界的流体系统研究领域享有很高的声誉，该协会进行了超过 10000 小时的试验，并把这些数据内置到了 Flowmaster 软件数据库中。目前，Flowmaster 包含汽车版、航空版、燃气轮机版、能源电力版及通用版共 5 个工业版本。工业版本包含了根据用户需求定制的算法、元器件库以及网络模板、与工业应用相关的知识库，并且提供了空前的易用性以及适应特定工业需求的新功能。Flowmaster 用户遍布世界 40 多个国家和地区的 1500 多家企业。

三维流体分析软件是在单个元器件的尺度上进行三维流场仿真，而 Flowmaster 关心的是系统尺度上所发生的事情。每个流体系统由许多的元件构成，如泵、阀、管路、散热器等，Flowmaster 可以监视系统的运行情况，如改变泵转速、开启和关闭阀门时系统的变化情况，如各支路流量的变化及各节点压力的变化，Flowmaster 可以对系统中的各个环节进行精确的压力、流量、温度及流速分析，帮助工程师快速地完成和优化系统的设计。Flowmaster 具备的分析模块可以对流体系统（含液压系统）进行稳态和瞬态分析；可以对不可压缩流体和可压缩流体系统进行分析，可以对系统进行热传导分析。Flowmaster 所仿真的流体系统内的介质可以是液体，也可以是气体，并且可以对包含气液相变的空调系统进行仿真。Flowmaster 所具备的动态色彩显示和图表显示等强大的后处理功能能够对系统部件性能进行实时的监测和评估。

三维分析常用的软件有 STAR- CCM＋、Fluent 软件等。下面以 STAR-CCM＋软件为例进行简单介绍。

STAR-CCM＋软件是由 CD-adapco Group 公司开发的新一代通用计算流体力学（CFD）分析软件。STAR-CCM＋是 CD-adapco 公司采用最先进的连续介质力学数值技术（Computational Continuum Mechanics Algorithms）开发的新一代 CFD 求解器。它搭载了 CD－adapco 独创的最新网格生成技术，可以完成复杂形状数据输入、表面准备——如包面（保持形状、简化几何、自动补洞、防止部件接触、检查泄露等功能）、表面网格重构、自动体网格生成（包括多面体网格、六面体核心网格、十二面体核心网格、四面体网格）等生成网格所需的一系列作业。STAR-CCM＋使用 CD-adapco 倡导的多面体网格，相比于原来的四面体网格，在保持相同计算精度的情况下，可以提高计算性能约3～10倍。

二、热平衡工况点的确定

整车热平衡工况点根据车型的不同有不同的确定方法，对于商用车型或带拖车的车型，一般按照额定点、最大扭矩点作为整车热平衡工况点。对于乘用车型，一般根据目标市场的不同，各个主机厂都有不同的整车热平衡工况点。根据整车工况点和车辆配置参数可将整车热平衡工况点与发动机热平衡工况点对应起来。

整车热平衡工况点是整车热平衡计算的重要边界条件，在确定阶段需要进行大量的调研和讨论，避免在后续过程中变更所带来仿真分析、设计开发和试验验证等工作的返工。一般来说，整车热平衡工况点需要定义温度边界、车辆挡位、车速和负荷（质量和坡度）、光照条件、湿度条件等要素。

三、仿真分析输入数据

1. 发动机台架放热量测试

发动机台架放热量测试又叫发动机台架热平衡测试，它是在发动机性能测试台架上，按照整车状态下冷却系统各边界条件进行布置，在发动机运行稳定达到热平衡状态下，通过测量发动机各系统及零部件的温差、流量，得出发动机各零部件和系统能量分布的数据。一般来说，发动机燃油产生的能量，有30％～35％以有效功的形式输出，有20％～25％通过冷却系统散热，有40％左右通过排气系统散失出去，另外还有3％～7％左右以热辐射和其他损失的形式消耗掉。对于不同的发动机、同一发动机的不同工况，各种形式的能量所占的比例是不同的，只有通过精确的测量才能得出相对准确的数据。

发动机台架放热量测试就是在台架不同转速、不同负荷下，水温、油温达到平衡状态下，测量发动机各系统部件的压力损失、温度差和流量，从而计算出其吸收的热量，完成台架能量分布MAP图，再根据整车热平衡工况和传动比等参数找出对应的点。

发动机台架放热量测试前，需要对各边界条件进行确认，确保其尽可能接近整车实际状态。测试过程中，每个工况点需要有足够的稳定时间，以便获取准确的数据。测试完成后，对数据进行详尽的分析和整理，使其作为仿真分析的输入数据，必要时可采用一定的方法将其处理为平滑的曲线，便于计算时选取。

2. 零部件性能测试

在仿真分析过程中，需要输入零部件的性能数据。零部件性能数据的准确度直接影响仿真分析的结果，因此，需要重视零部件性能测试过程。零部件性能测试前，需要根据被测零部件的特点，编制详细的测试规范，明确测试台架的布置情况、相关工装的设计情况、测试的工况点、测试设备需求和精度要求、测试环境要求、测试注意事项等各方面。由于大部分主机厂没有零部件性能测试台架，因此这部分的测试工作以零部件厂家完成为主。为了更好地对零部件厂家测试过程进行监控，必要时可派相关工程师前往零部件供应商现场进行指导。

3. 整车流量分布测试

若仿真分析前车辆已完成装配，则可以在整车上进行冷却系统各支路流量分布测试；若车辆未完成装配，则可在发动机台架放热量测试过程中，在搭载整车冷却系统边界的台架上进行整车流量分布测试工作。整车流量分布测试结果可与仿真分析结果相比较，进而对仿真分析模型进行校准。

整车流量分布测试需要用到流量计，工程中常用的流量计有叶轮式流量计、质量式流量计和电磁式流量计。

叶轮式流量计的工作原理是将叶轮置于被测流体中，叶轮受流体流动的冲击而旋转，以叶轮旋转的快慢来反映流量的大小。典型的叶轮式流量计是水表和涡轮流量计，其结构可以是机械传动输出式或电脉冲输出式。一般机械式传动输出的水表准确度较低，误差约±2%，但结构简单，造价低，国内已批量生产，并标准化、通用化和系列化。电脉冲信号输出的涡轮流量计的准确度较高，一般误差为±（0.2～0.5）%。

质量流量计是采用感热式测量，通过流体分子带走的分子质量多少从而来测量流量，因为是用感热式测量，所以不会因为气体温度、压力的变化而影响测量的结果。质量流量计是一个较为准确、快速、可靠、高效、稳定、灵活的流量测量仪器。质量流量计是不能控制流量的，它只能检测液体或者气体的质量流量，通过模拟电压、电流或者串行通讯输出流量值。

电磁流量计是应用电磁感应原理，根据导电流体通过外加磁场时产生的感生电动势来测量导电流体流量的一种仪器。分体型电磁流量计是一种根据法拉第电磁感应定律来测量管内导电介质体积流量的感应式仪表，采用单片机嵌入式技术，实现数字励磁。分体型电磁流量计除可测量一般导电液体的流量外，还可测量液体和固体两相流，高黏度液流及盐类、强酸、强碱液体的体积流量。

在进行整车流量分布测量时，要根据各被测管路管径、流量范围、精度要求等选择合适量程和接口的流量计。同时，在进行流量计安装时需要按照各型号流量计安装要求进行连接。部分流量计对于流量计前后直段部分长度有明确要求，安装时需要确保。流量测量过程中，在满足流量计安装要求的前提下，要尽可能地减少软管的长度和折弯。软管过长或折弯过多均会对系统流量分布产生影响，从而影响测量结果的准确性。整车流量分布测量过程中，需要能同时运用流量计对各被测支路进行流量测量工作，同时测量可最大程度减少接入流量计对冷却系统流量分布的影响。通过对某车型运用电磁式流量计测量结果的分析，在满足流量计安装要求的前提下进行各支路同时测量，对系统流量分布的影响约为1%，完全可满足工程计算要求。

四、仿真建模

冷却系统一维分析仿真建模需要结合冷却系统原理图、冷却系统三维结构进行。在冷却系统一维建模过程中，需要对各零部件的结构、冷却管路的走向和管径等进行定义，尽可能与实车状态保持一致。为了更加准确地进行分析，利用 Flowmaster 软件进行冷却系统一维建模时，除关注冷却液侧管路走向外，还需关注前端模块空气侧相关模型的搭建，并以三维分析结果作为输入。

某车型冷却系统一维分析 Flowmaster 模型如图 8-2 所示。

模型中包含冷却系统各零部件定义、冷却系统各管路定义等，利用一维模型还原了冷却系统原理图的结构。该车型为一款采用水冷中冷系统的双冷却循环车型，故模型中包括了低温冷却循环和高温冷却循环两部分模型，同时还包括空气侧模型和冷却系统除气模型。

三维分析主要结合整车结构，重点对前端模块、发动机舱及整车外表面进行网格划分和参数定义。其中前端模块和发动机舱部分是网格划分的重点。某车型三维 CFD 模型如图 8－3 所示。

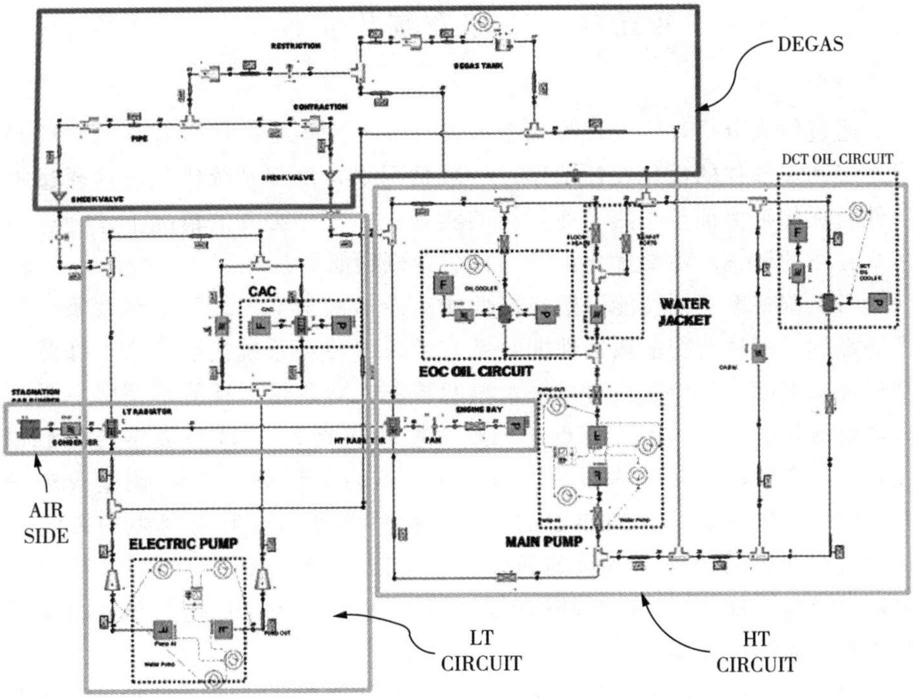

图 8－2　某车型冷却系统一维分析模型

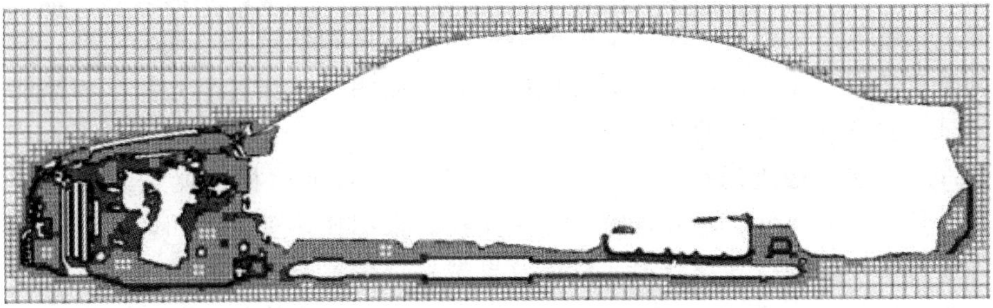

图 8－3　某车型三维 CFD 分析模型

完成冷却系统一维和三维建模后，就可以结合热平衡工况点、仿真分析输入数据，进行仿真分析工作，从而得出相应的结果，为系统和零部件优化设计提供参考。

第五节　冷却系统优化设计

通过仿真分析，可发现冷却系统设计方面的不足，然后有针对性地开展系统和零部件的优化设计工作。一般情况下，冷却系统优先设计通过零部件的优化来保证整车热平衡目标的实现，在十分必要的情况下才会进行系统方案的调整。主要优化设计项目简单概括如下：

（1）调整散热器性能。散热器性能对冷却液与空气之间换热效果有较多的影响，通过改变散热器性能，可有效改善冷却系统换热效率，降低发动机进水温度，从而实现对系统水温的控制。对散热器性能的调整主要通过调整散热器形式（上下流动式调整为左右横流式）、调整散热器波距和波高（需要关注其对散热器风阻的影响，不能调整得太多）、调整散热器波带的开窗结构、调整散热器的厚度（同样需要关注其对风阻的影响）。根据仿真分析结果确定调整的目标值，由散热器厂家进行调整可行性分析，并进行样件的制作、样件的性能测试，提供给主机厂进行车辆的装配和整车性能测试工作。

（2）调整风扇性能。前端模块主要通过空气与冷却液之间的热交换带走热量，调整风扇性能可增加通过散热器的空气流量，提高前端模块的换热效果，降低冷却液温度。调整风扇性能一般通过风扇厂家来实现，主要通过调整风扇电机的性能、调整风扇扇叶的结构和数量等方式来实现。同调整散热器性能一样，也需要进行样件的性能测试，在实车上装车和性能测试，验证优化方案的效果。

（3）前格栅进风面积的调整。空气只有通过前格栅才能进入前端模块，从而与散热器、冷凝器等进行热交换。根据换热理论可知，相同时间内通过换热器的空气量越多，换热效果越好。前格栅进风面积的调整主要是为了增加前格栅的进风面积，进而增加进入前端模块的空气量，提高换热效果，最终目的是降低冷却液温度，实现整车冷却系统平衡水温在设定范围内。在相同的进风面积条件下，调整前格栅开口方式和开口角度，对前端模块进风效率也有一定影响，具体项目中需要结合三维 CFD 分析结果确定。

（4）前端模块密封、导流优化。空气进入前端模块后，只有通过换热器部分才对冷却系统产生积极的效果，如果空气从换热器周边漏掉或在前端模块内部回旋，均对冷却系统散热没有帮助甚至有负面效果。在换热器上下左右四边与前保险杠之间增加导流板，可有效引导气流通过换热器，提高换热效果，降低发动机平衡水温。另外，前端模块包含冷凝器、中冷器、散热器等多个换热器，各换热器之间有一定缝隙，会导致漏风或空气回流；通过条状海绵密封条可有效进行密封，提高前端模块散热效率。

（5）发动机水泵性能调整。发动机水泵性能对冷却系统循环频率有直接影响，增大发动机水泵流量，可增加通过散热器的水流量，进而提高散热器的散热效果，降低发动机平衡水温。发动机水泵性能的提升对于提高冷却系统循环次数是有帮助的，也提高了前端模块换热次数，有利于降低发动机水温。

（6）冷却系统方案调整。调整冷却系统布置方案，可调整冷却系统各支路之间的流量分布，从而改变通过散热器支路的冷却液流量，提高散热效果，降低水温。在冷却系统布置方案调整时，首先需要确定各支路是否满足相关零部件的冷却需求，若调整后不能满足零部件冷却需求，则不能进行调整或需要有相应的应对方案。

第六节　冷却系统匹配验证

冷却系统匹配验证主要对冷却系统仿真分析和设计的结果进行系统的验证。常用的验证手段有三种：环境舱验证、热环境风洞试验验证、热环境道路试验验证。一般意义上讲，环境舱验证和热环境风洞试验验证两者选其一即可，但所有车型在上市前均需要进行热环境道路试验验证。

不管任何验证手段，为了获取完整的测试数据，测试前都需要在车辆上布置一定数量的传感器。主要包括：冷却系统各部位冷却液温度检测、发动机本体和排气系统表面温度检测、进气系统和中冷系统气体温度检测、前端模块部件温度检测、机舱内主要热害点温度检测、发电机空调压缩机风扇等主要部件电流电压检测、从 ECU 读取车辆的运行相关的参数等。

环境舱验证指的是在转毂环境舱内，通过设置环境温度与热平衡开发工况一致，并按照开发工况加载相应的阻力，选择适当的挡位和车速进行的冷却系统匹配验证测试。为了尽可能地模拟用户可能用到的最恶劣的工况，一般会加载一定强度的光照，高温工况加载的光照强度一般为1000～1200W/m²，爬坡工况加载的光照强度一般为600～850W/m²。试验时，车辆所有门窗关闭，空调设置为手动模式，空调系统风机开至最大挡位，空调温度设置为最低温度，空调系统设置为外循环模式，整车开远光灯模式。

热环境风洞试验验证是在热环境风洞试验室完成的。热环境风洞试验室是专门用于整车热环境性能验证的专业试验室。相对于环境舱，其主要优点是：环境湿度控制更精确；风洞试验室风口面积大于车辆迎风面积，且风速与车速一致，更接近道路使用环境。目前，国内使用较多的是同济大学风洞试验室，全名为“同济大学上海地面交通工具风洞中心”。国外整车厂家早已运用风洞手段进行整车开发，国内汽车厂家和研究机构也开始建设汽车风洞，泛亚汽车技术中心、天津中汽中心、重庆中汽研等都在建设自己的汽车风洞，部分主机厂也正在建设风洞中心或已正将建设风洞中心提上议事日程。某车型在同济大学上海地面交通工具风洞中心测试的情景如图8-4所示。

图8-4　某车型热环境风洞测试图

试验过程前，根据整车迎风面积的不同，选择不同大小的风口。一般乘用车选择 $7m^2$ 的风口，客车和卡车等选用 $14m^2$ 的风口。转毂加载参数根据车辆道路滑行数据进行加载，环境温度、湿度、光照强度根据试验工况进行设置，并与 CAE 仿真分析工况相对应。试验时，车辆所有门窗关闭，空调设置为手动模式，空调系统风机开至最大挡位，空调温度设置为最低温度，空调系统设置为外循环模式，整车开远光灯模式。若车辆无法按照设定的工况稳定运行，优先采用降低挡位的措施，若降低一挡仍不能完成试验测试，则该工况试验取消，进行下一工况的测试。

通过环境舱验证或热环境风洞试验可模拟车辆在使用过程中可能出现的恶劣情况，大大降低整车上市后存在热平衡方面的风险。车辆在实际使用过程中遇到的具体工况可能比模拟条件更加复杂，有很多不可预知的因素，因此，车辆在上市前需要进行热环境道路试验验证。热环境道路试验选择相对典型的热环境区域进行验证，按照策划的试验工况和模拟用户实际使用工况两种情况进行测试。试验时，车辆所有门窗关闭，空调设置为手动模式，空调系统风机开至最大挡位，空调温度设置为最低温度，空调系统设置为外循环模式。策划工况试验则按照策划的挡位开展测试工作，若车辆无法按照设定的工况稳定运行，优先采用降低挡位的措施，若降低一挡仍不能完成试验测试，则该工况试验取消，进行下一工况的测试。模拟用户实际使用工况试验不限定挡位和车速，由试验驾驶员根据道路环境自主选择挡位和车速。

第七节　冷却系统匹配参数表

冷却系统匹配参数表定义发动机在整车工作过程中通过冷却液带走热量部分的分配和冷却系统实现的方案。

冷却系统对发动机动力性、燃油消耗率、可靠性和耐久性等影响较大。若水温过高，将导致发动机各个部分热变形变大、性能较低、油耗增加，进而导致磨损、烧蚀和龟裂；对于汽油机，温度过高还会导致爆震的发生。若水温持续过低，将导致燃烧不良、磨损加大，从而导致性能不良、油耗增加。

一、冷却系统匹配目标参数

冷却系统匹配的主要参数包括散热器的散热量及发动机进出水口温差、散热器进出水口温差及流量分布等。此部分参数由发动机设计部门和整车设计部门一起讨论确定。具体参数如表 8 - 2 所列。

表 8 - 2　冷却系统匹配目标参数表

<table>
<tr><th>序号</th><th colspan="2">项　目</th><th>参　数</th></tr>
<tr><td>1</td><td colspan="2">发动机正常工作水温（℃）</td><td></td></tr>
<tr><td>2</td><td colspan="2">发动机许用最高水温（℃）</td><td></td></tr>
<tr><td>3</td><td colspan="2">发动机瞬时最高水温（℃）</td><td></td></tr>
<tr><td>4</td><td colspan="2">冷却液型号/成分</td><td></td></tr>
<tr><td>5</td><td colspan="2">发动机进出水口温差 ΔT（℃）</td><td></td></tr>
<tr><td>6</td><td colspan="2">散热器进出水口温差 ΔT（℃）</td><td></td></tr>
<tr><td>7</td><td colspan="2">散热器放热量（kW）</td><td></td></tr>
<tr><td>8</td><td colspan="2">冷却系统型式</td><td></td></tr>
<tr><td>9</td><td rowspan="8">流量分布（L/min）</td><td>主散热器</td><td></td></tr>
<tr><td>10</td><td>暖风机</td><td></td></tr>
<tr><td>11</td><td>EGR 冷却器</td><td></td></tr>
<tr><td>12</td><td>机油冷却器</td><td></td></tr>
<tr><td>13</td><td>变速箱油冷却器</td><td></td></tr>
<tr><td>14</td><td>增压器</td><td></td></tr>
<tr><td>15</td><td>后处理</td><td></td></tr>
<tr><td>16</td><td>中冷散热器</td><td></td></tr>
<tr><td>17</td><td colspan="2">发动机正常工作机油温度（℃）</td><td></td></tr>
<tr><td>18</td><td colspan="2">发动机许用最高机油温度（℃）</td><td></td></tr>
</table>

（续表）

序号	项 目	参 数
19	冷却系统部件材料	
20	散热器与中冷散热器布置方式	
21	风扇前端面至散热器后端面距离（mm）	
22	压力盖开启压力（kPa）	

二、发动机冷却系统设计参数

发动机冷却系统是整车冷却系统的核心和动力源泉，发动机冷却系统直接影响整车冷却系统性能和效果。水泵、风扇、电子水泵和各接口共同组成整个冷却系统，在冷却系统原理图的统一部署下，实现冷却液在整车冷却管路内的循环，不断地将发动机工作放出的热量散发出去。此部分参数由发动机设计部门负责定义。具体参数如表 8－3 所列。

表 8－3 发动机冷却系统设计参数表

<table>
<tr><th>序号</th><th colspan="2">项 目</th><th>参 数</th></tr>
<tr><td>1</td><td colspan="2">冷却系统原理图</td><td></td></tr>
<tr><td>2</td><td rowspan="9">冷却风扇</td><td>有/无</td><td></td></tr>
<tr><td>3</td><td>风扇外径（mm）</td><td></td></tr>
<tr><td>4</td><td>叶片数量</td><td></td></tr>
<tr><td>5</td><td>传动比</td><td></td></tr>
<tr><td>6</td><td>风扇前端面至缸体前端面距离（mm）</td><td></td></tr>
<tr><td>7</td><td>叶片厚度（mm）</td><td></td></tr>
<tr><td>8</td><td>硅油特性曲线</td><td></td></tr>
<tr><td>9</td><td>风量曲线</td><td></td></tr>
<tr><td>10</td><td>静压曲线</td><td></td></tr>
</table>

（续表）

序号	项　目		参　数	
11	节温器	开启温度（℃）		
12		全开温度（℃）		
13		通断面积		
14		特性曲线		
15		最大升程（mm）		
16	发动机本体冷却液容积（L）			
17	发动机放气口外径（mm）			
18	发动机进水口外径（mm）			
19	发动机进水口内径（mm）			
20	发动机进水口直段长度（mm）			
21	发动机出水口外径（mm）			
22	发动机出水口内径（mm）			
23	发动机出水口直段长度（mm）			
24	后处理加热进水口外径（mm）			
25	后处理加热出水口外径（mm）			
26	发动机进出水口压差 ΔP（kPa）			
27	额定功率点散热功率（kW）			
28	最大扭矩点散热功率（kW）			
29	水泵	水泵转速（r/min）		
30		流量（L/min）		
31		扬程（m）		
32		性能曲线图		
33		传动比		

（续表）

序号	项　目		参　数
34	暖风系统	暖风进水口外径（mm）	
35		暖风回水口外径（mm）	
36		（−25±3)℃暖风温度	
37		暖风出水口温度升高曲线	
38		暖风出水口流量特性	
39		暖风出水口温度流量阻力曲线	
40		后暖风进出水口（有/无）及相关口径参数	
41	电子水泵	型号/图号	
42		安装位置	
43		性能参数	
44		进水口外径（mm）	
45		进水口内径（mm）	
46		出水口外径（mm）	
47		出水口内径（mm）	
48	机油冷却器		各工况性能曲线
49	增压器冷却器		各工况性能曲线
50	水冷中冷器		各工况性能曲线（若归属整车则由整车提供）

三、整车冷却系统设计参数

发动机工作过程中产生的热量，很大一部分都通过散热器散发出去。整车冷却系统设计参数只要定义散热器、暖风等部件设计参数及冷却系统匹配情况。此部分参数由整车设计部门负责定义。具体参数如表 8-4 所列。

表 8-4　整车冷却系统设计参数表

序号	项　目		参　数
1	水温传感器阻值与仪表阻值、仪表示值关系图像		用于表示仪表盘红区水温
2	热平衡工况点		
3	散热器	进水口外径（mm）	
4		进水口内径（mm）	
5		出水口外径（mm）	
6		出水口内径（mm）	
7		芯子尺寸，长×宽×高（mm）	
8		空气阻力（kPa）	
9		通水阻力（kPa）	
10		试验条件	
11		试验压力	
12		散热带波距（mm）	
13		放热面积（m^2）	
14		前面面积（m^2）	
15		通水断面面积（m^2）	
16		水容量（L）	
17		散热器量	
18		风速/水流量/放热量	以 MAP 图形式表达
19		风速/外部风阻	以 MAP 图形式表达
20		内部水流量/水阻	以 MAP 图形式表达

（续表）

序号	项目		参数
21	中冷散热器	芯子尺寸，长×宽×高（mm）	
22		进水口外径（mm）	
23		进水口内径（mm）	
24		出水口外径（mm）	
25		出水口内径（mm）	
26		中冷散热器量	
27	散热器风扇	布置形式	
28		风扇1扇叶外径	
29		风扇2扇叶外径	
30		风扇1最高转速	
31		风扇2最高转速	
32		风扇1最高转速风量	
33		风扇2最高转速风量	
34		风扇最高转速噪音目标	
35	暖风系统	压力损失（kPa）	
36	DCT油冷器		各工况性能曲线

第九章　发动机附件匹配设计

附件系统是发动机在正常工作过程中，除了向传动系统提供动力驱动整车外，发动机所驱动的其他相关部件的总成。附件系统基本功能是发动机运行时，通过皮带或链条传动将发动机的部分动力用于除整车运行外的其他用途，如驱动动力转向泵为整车提供助力转向、驱动发电机发电为整车提供用电量以及驱动真空泵运转为整车提供制动用的真空压力等，从而保障整车的各种用电需求，提升用户对整车的驾驶控制能力，提高整车档次。前端辅助驱动系统的设计和匹配很重要，它直接影响用户对整车操控性和舒适性的评价，同时关系燃油经济性和整车动力性。

附件系统在匹配设计时需要考虑其布置位置、驱动方式、各部件转动惯量的合理匹配、系统的张紧、与曲轴系统振动匹配和隔震设计等多个方面。

附件系统的设计包括参数设计和空间结构设计两大部分。其中参数设计指系统内部各零部件的参数设计，由整车和发动机本身要求确定；空间结构设计指结合发动机和整车前舱之间的间隙进行布置，总体要求紧凑、整体空间小、不与发动机部件和整车前舱干涉，必须保证各传动件的正常工作，同时考虑节约系统成本和便于附件更换和维修时的拆装。

附件系统的设计检查包括功能件性能校对和系统工艺性审查。功能件性能校对是理论计算检查各功能件能否满足整车要求；系统的工艺性审查主要是系统各零部件的装配性和与相关零部件的干涉性检查，同时检查轮系的共面性。

附件功率是指发动机运行时发动机必须传递给各附件的功率，以保证附件能正常工作，发挥正常作用。附件功率必须设计得当。因为如果附件功率过小，附件不正常工作，不能满足整车需求，如发电机输出电量不足、整车转向和制动效果差等；如果附件功率过大，附件工作时占用发动机功率太多，发动机用于整车行驶的功率变小，影响整车动力性和燃油经济性。

第一节 起动机匹配设计

一、功能介绍

1. 起动系统的组成

起动系统由钥匙开关、蓄电池、继电器、起动机、预热塞（柴油机）、燃料系等组成。起动系统结构示意图如图 9-1 所示。其中，起动机是起动系统的核心部件。起动机电气线路图如图 9-2 所示。

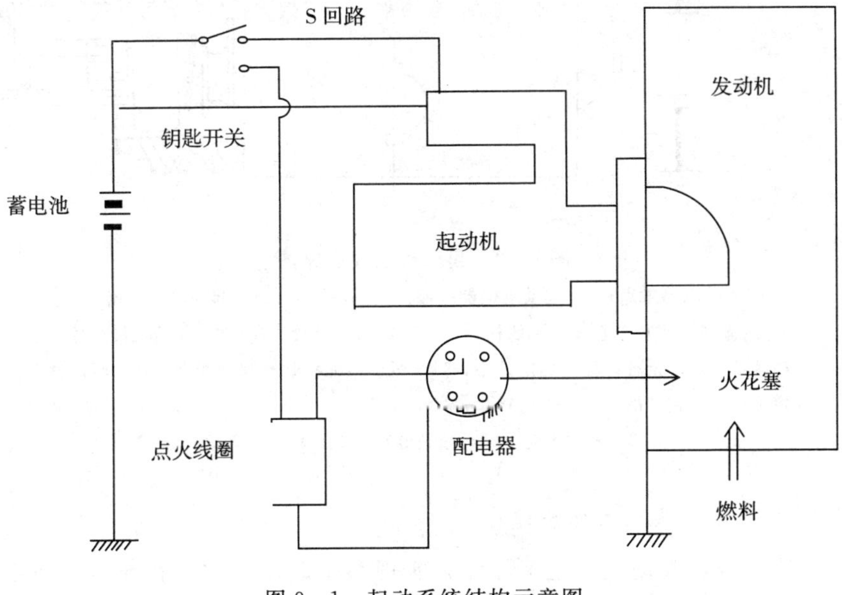

图 9-1 起动系统结构示意图

2. 起动系统的基本功能

起动系统必须满足发动机的起动性能要求。发动机的起动性能是指起动机拖动发动机曲轴旋转，直到气缸内混合气燃烧做功，并自行运转（即发动机起动成功）的能力。

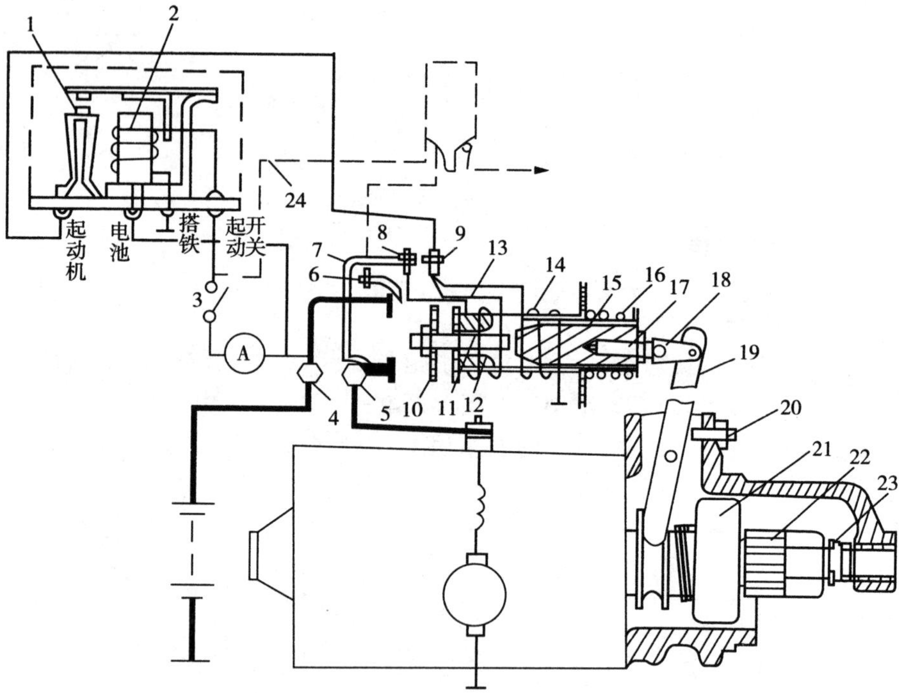

图 9-2　起动机电气线路图

1—起动继电器触点；2—起动继电器线圈；3—开关；4、5—起动机开关接线柱；6—点火线圈附加电阻短路接线柱；7—导电片；8—接线柱；9—起动机接线柱；10—接触盘；11—推杆；12—固定铁心；13—吸引线圈；14—保持线圈；15—活动铁心；16—复位弹簧；17—调节螺钉；18—连接片；19—拨叉；20—定位螺钉；21—滚柱式单向离合器；22—驱动齿轮；23—限位螺母；24—附加电阻线

3. 起动系统基本工作原理

大体上说，起动机用三个部件来实现整个起动过程。直流电动机引入来自蓄电池的电流并且使起动机的驱动齿轮产生机械运动；传动机构将驱动齿轮啮合入飞轮齿圈，当电动机上的小齿轮的转速高于发动机飞轮齿圈的速度时，电动机带动发动机转，当发动机的转速高于电动机时，它们之间的动力传递关系自动解除；起动机电路的通断则由一个电磁开关来控制。图 9-3 为某车起动系统工作原理图。

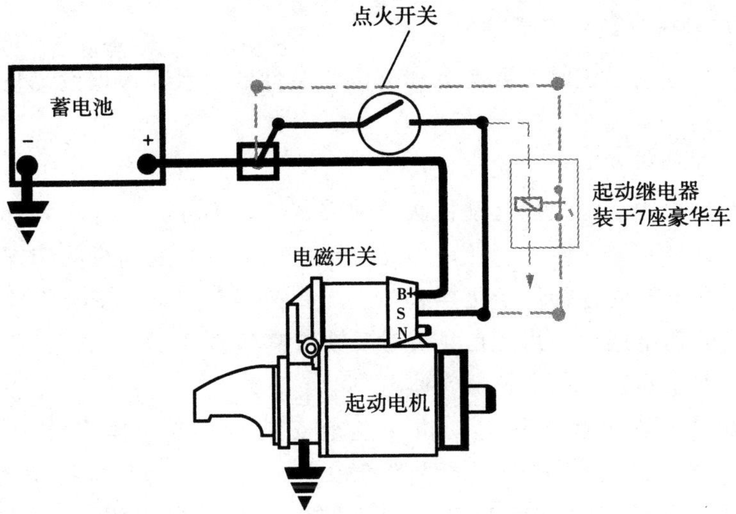

图 9－3　起动系统工作原理图

二、设计原则

1. 起动系统的工作环境

发动机的起动性能与环境温度有密切关系，环境温度越低，起动性能变差。另外，起动性能还与发动机燃烧原理和燃烧方法有关，一般汽油机的起动性能比柴油机的起动性能好。

发动机的起动性能可用一般起动性能和低温起动性能来表示。汽油机在环境温度不低于（－10±3)℃、柴油机在环境温度不低于（－5±3)℃时具有的起动性能称为一般起动性能；发动机在环境温度为（－20±5)℃或更低时具有的起动机性能称为低温起动性能。在不同地区，起动机的起动最低温度也不同（如表 9－1 所列）。

表 9－1　起动机在不同地区的起动最低温度

起动地区	起动最低温度
国内（温暖区）	－15℃
国内（寒冷区）	－25℃
北美（寒冷区）	－30℃

2. 起动系统总体布置

在匹配起动系统时，要考虑和周围相关件的关系，根据发动机飞轮的大小决定是否带飞轮壳。

（1）起动机安装在飞轮壳上

当起动机固定螺栓从起动机法兰前安装时，不存在与整车零部件接口问题，不涉及与整车匹配问题，因此可不做说明。当起动机固定螺栓从起动机法兰后安装时，为便于更换起动机，变速器在起动机安装螺栓孔方向有足够的套筒空间，并将此信息及时反馈给整车部门。

（2）起动机安装在变速器壳体上

当起动机固定螺栓从起动机法兰前安装时，变速器壳体上安装孔为螺纹孔，该孔在变速器壳体位置可根据起动机挂角安装孔位置确定。当起动机固定螺栓从起动机法兰后安装时，变速器壳体上要有螺栓搭子，该螺栓搭子应布置在变速器壳体外面，而且，变速器在起动机安装螺栓孔方向要有足够的套筒空间以便于装卸起动机，螺栓搭子位置可与整车部门商讨确定，此时变速器壳体上安装孔为光孔。为保证起动机与飞轮齿圈啮合率合理，变速器上起动机安装孔位置尺寸要有位置度公差要求。

3. 起动机

（1）起动机结构

起动机的主要结构如图 9 - 4 所示。

（2）起动机分类及选择

按起动机传动机构和控制机构的不同，车用起动机分为如下类型：

① 惯性啮合式起动机；

② 机械啮合式起动机；

③ 电磁啮合式起动机；

④ 电枢移动式起动机。

电磁啮合式起动机结构简单、工作可靠、操作方便，在国内外汽车上应用十分广泛。

（3）起动机代号

起动机以电压等级为分类代号，以功率等级为分组代号。

电压等级分类代号用一位阿拉伯数字表示，例如，1 表示 12V 系统，2 表示 24V 系统。分类代号与电压等级之间关系如表 9-2 所列。

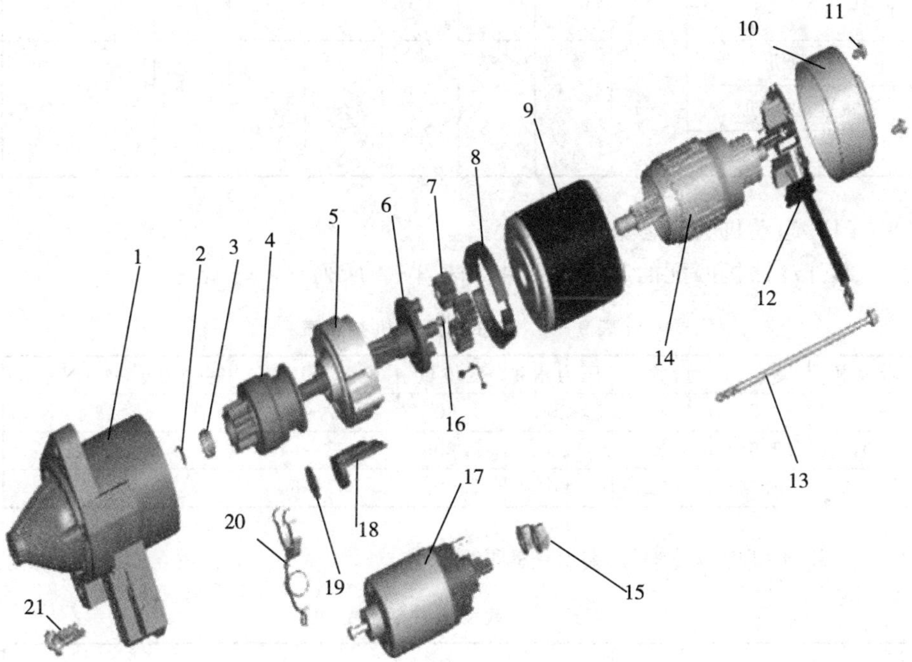

图 9-4　起动机主要功能部件

1—驱动端盖；2—卡簧；3—轴挡套；4—单向器装配；5—减速齿圈装配；6—P 轴装配；7—行星齿轮；8—橡胶垫；9—机壳装配；10—电刷端盖装配；11—螺钉；12—电刷装配；13—长螺栓；14—电枢装配；15—螺母；16—钢珠；17—电磁开关装配；18—橡胶垫；19—平板；20—拨叉；21—螺钉

表 9-2　分类代号与电压等级对应关系表

分类代号	1	2	3	4	5	6	7
电压等级（V）	12	24	—	—	—	6	—

起动机分组代号应满足表 9-3 的规定。

表 9-3　分组代号与功率等级对应关系表

分组代号 / 功率等级（kW） / 产品	1	2	3	4	5	6	7	8	9
起动机 减速起动机 永磁起动机	～1	＞1 ～2	＞2 ～3	＞3 ～4	＞4 ～5	＞5 ～6	＞6 ～7	＞7 ～8	＞8

（4）起动机关键参数示例

部分汽油机匹配的起动机参数如表 9-4 所列。

表 9-4　汽油机起动机参数表

起动机	模数 m	齿数 z	压力角 α	变位量	硬度（HRC）	制动力矩 M（N・m）
A	2.54	8	20	1.905	57～63	≥18
B	2.54	8	20	1.905	57～64	≥18.62
C	2.54	8	20	1.905	57～64	≥21.5

某起动机性能参数如表 9-5 所列。

表 9-5　起动机性能参数表

空载	电压：11V
	电流：≤90A
	转速：≥3000r/min
负载	电压：9.0V
	电流：280A
	转速：≥1100r/min
	转矩：≥9.5Nm
制动	电压：4.0V
	电流：≤700A
	转矩：≥21.5N・m
开关始吸电压（S/W 接线端处）：20°时，不大于 8V	

某起动机齿轮参数列表如表 9 - 6 所列。

表 9 - 6　起动机齿轮参数表

模数	m	10/12
齿数	z	8
压力角	α	20°
齿根圆直径	d_a	ϕ28.35
分度圆直径	d	ϕ20.32
齿根圆直径	d_f	ϕ18.46
变位量		1.905
跨齿齿数	k	2
公法线长度	W	12.835
硬度		HRC57～64

某起动标准特性曲线如图 9 - 5 所示。

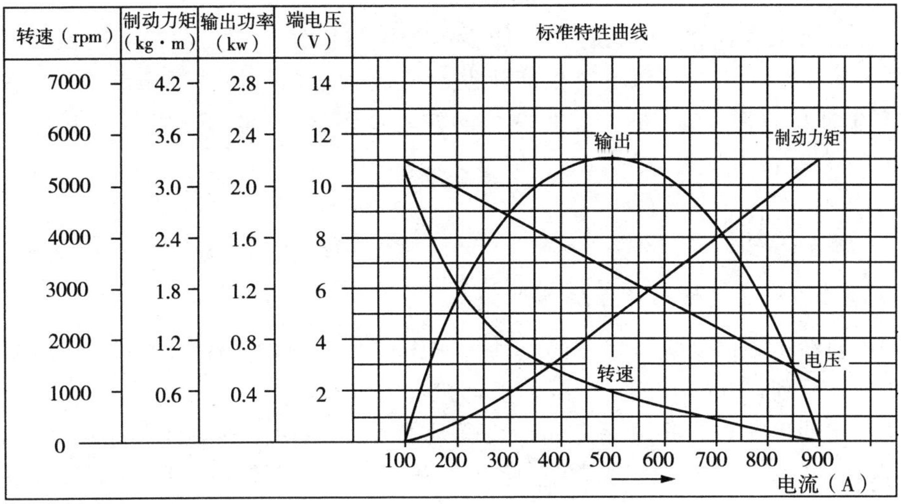

图 9 - 5　起动机标准特性曲线

4. 低温起动装置

为了提高发动机的起动性能，起动系统中可装备专用起动装置，如低温冷起动装置（燃油蒸发器、注起动液装置及预热塞和加热器等）和保温装置（发动机罩、散热器保温装置及蓄电池保温器等）。

目前获得广泛应用的低温起动装置，它是对发动机进气道加热的 PTC（热敏陶瓷）进气预热起动器，该装置电器原理图如图 9－6 所示。

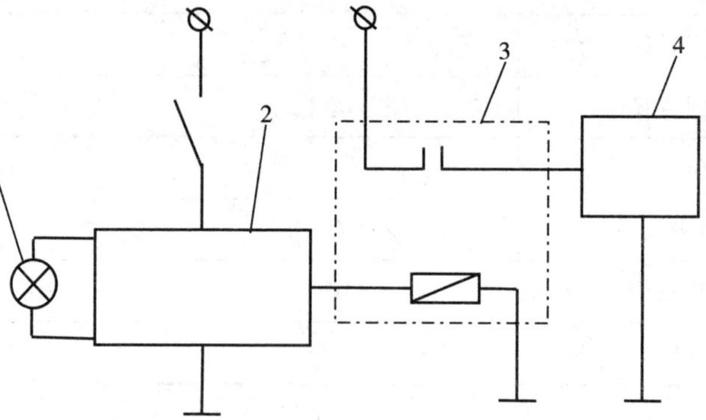

图 9－6　预热起动器电气原理图

1—指示灯；2—预热控制器；3—继电器；4—加热器

使用该装置加上低温性能好的蓄电池，可以使具有一般性能的发动机在环境温度为－35℃以下时也能让发动机起动成功。该装置预热排量 4～6L 柴油机只需要 4～8min，加热器额定功率不高于 960W，恒温功率小于 280W，峰值电流为 60～75A，恒温电流小于 10A。

三、设计步骤

1. 三维模型思路及方法

起动机不需要进行单独的设计，它是一个成熟的产品，具有一定的标准，是系列产品，我们可以根据发动机的需求选配。

起动机的布置必须保证起动机驱动齿圈与飞轮齿圈在同一个平面上。所以起动机的位置选择要考虑两个方面：一是在飞轮齿圈的哪个齿处布置；二是起动机是朝向曲轴前端还是曲轴后端。这两个方面的确定都可以在前舱数模中虚拟装车找出合适的位置。根据空间因素，与起动机制造厂交流确定起动机外形及安装尺寸，要求结构紧凑、整体空间与质量小，同时考虑避开热源和飞溅的泥土，避免造成起动机的异常损坏。

2. 系统设计要点

（1）起动机功率选择

起动机功率选择目前处于经验类比和试验验证阶段。为了保证发动机起动成功，并且满足 GB/T12535 的要求，起动机的起动转矩必须大于发动机的阻力矩。发动机阻力矩主要包括如下三项：

① 摩擦阻力矩。摩擦阻力矩来自活塞与气缸壁以及轴承中的摩擦阻力，其大小与摩擦表面积和润滑油的黏度有关。摩擦阻力矩在温度为 0℃～5℃时，约占全部阻力矩的 60%，而在温度为－20℃～－10℃时，占全部阻力矩的 80%～90%。

② 压缩阻力矩。压缩阻力矩是指活塞受到压缩气体的阻力而形成的阻力矩，它取决于发动机的功率、排量和压缩比。

③ 惯性阻力矩。惯性阻力矩主要决定于曲轴、连杆、活塞以及与曲轴相联系的各种辅助机构（如油泵、风扇及发电机等）在加速过程中的惯性力及其所形成的阻力矩。

发动机起动所必需的转矩可以粗略地用式（9－1）求得。

$$M_1 = CL \tag{9-1}$$

式中：M_1——起动转矩，N·m；

L——发动机排量，L；

C——比例系数，在 0℃时，汽油机取 30～40，柴油机取 50～75。

在汽车工程中，发动机平均阻力矩由发动机低温起动试验验证。

发动机起动转速必须大于发动机能够着火并自行运转的最低曲轴转速，一般汽油机为 50～75r/min，柴油机为 100～150r/min。根据上述条件可以通过式（9－2）计算出发动机所需的起动功率：

$$P_{起1} = \frac{M_1 \times n_{min}}{9550} \tag{9-2}$$

式中：$P_{起1}$——起动功率，kW；

n_{min}——最低起动转速，r/min。

若取起动机驱动齿轮与发动机飞轮齿环的传动效率为 $\eta_{传}$，则所需起动机功率 $P_{起2}$ 可通过式（9－3）计算：

$$P_{起2}=\frac{P_{起1}}{\eta_{传}} \tag{9-3}$$

工程计算一般取 $\eta_{传}=0.85\sim0.95$。

再参照表 9－7 所列起动机功率等级标准规定的等级，即可确定起动机的功率。

（2）传动比选择

一般以最大功率点附近的起动机转速为依据设计起动系统的传动比，并使拖动发动机的转速不低于发动机能够起动成功的转速。根据起动机工作特性可知，起动机最大功率点一般在 $0.5I_{max}$（制动电流）处。通常汽油机传动比为 13～17，柴油机传动比为 8～10。

（3）安装尺寸的确定

起动机的安装尺寸应符合 QC/T28 中的规定，各国起动机安装尺寸所采用的标准见表 9－7 所列。

表 9－7 起动机功率等级与安装尺寸标准对照

标准代号	JIS	ISO	SAE	GB（QC/T）
起动机功率等级	D1607	8856	J544	—
安装尺寸	D5203	7650、9548	J542	QC/T28－92

（4）起动机的齿轮要素

起动机的齿轮要素应符合 JB/T1506 中的规定。起动机齿轮的硬度是齿轮的重要参数，它影响到驱动齿轮和飞轮齿环的耐磨性。通常日本规定起动机的驱动齿轮的硬度为 57～64HRC，飞轮齿环的硬度为 55～61HRC。我国则根据起动机驱动齿轮的不同材料而选用不同的硬度。采用合金钢结构制造时，经渗碳淬火后其表面硬度应为 55～61HRC，渗碳深度为 0.7～1.2mm；采用 40 号钢制造时，经高频淬火后其表面硬度应为 40～48HRC，淬硬层厚度应为 1～2mm。

（5）电路设计

起动机电路的设计应满足 QC/T467 的要求，见表 9－8 所列。

表 9-8　起动机电路的电压降

标称电压（V）	U_d/100（V）	使用条件
6	0.12	良好与一般
12	0.20	
24	0.40	
12	0.10	恶劣
24	0.17	

（6）起动机基本性能和蓄电池选择

起动系统采用的起动机确定之后，可以从起动机产品技术条件中查出起动机空载性能参数（电压、电流、转速、转矩）、制动性能参数（电压、电流、力矩），再按 QC/T277 规定的试验规范获得起动机特性曲线（如图 9-7 所示）。

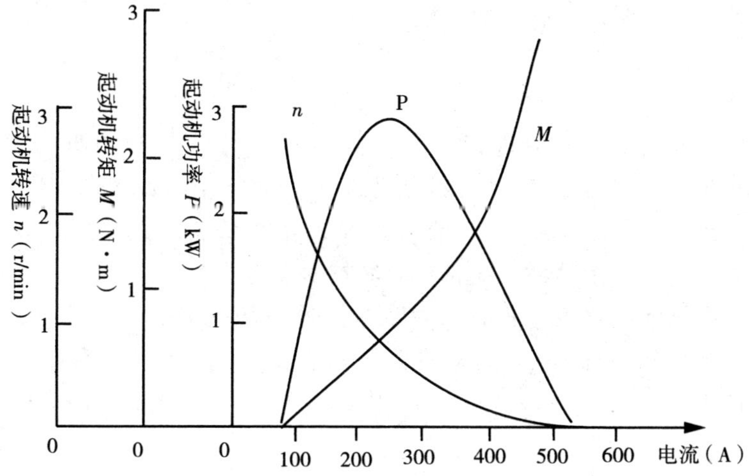

图 9-7　起动机特性曲线

根据以上已知条件计算出起动机电枢回路的总电阻、制动电流和最大功率点电流（起动机拖动发动机，发动机能够起动成功时起动机需要输入的电流）。按照起动机低温起动电流合理选择蓄电池容量。

选用的蓄电池低温放电电流，应大于起动机低温起动电流，并且其端电压在放电期间的前 15～30s 时间内要稳定。一般采用起动用铅酸电池，可以查阅 GB 5008.1 进一步研究其蓄电池性能。

3. 设计检查

（1）应按照批准的图样及设计文件制造。湿热型起动机还应符合 ZB T35 001 中有关湿热型电机的规定。

（2）起动机性能参数要满足整车规定；安装孔要考虑变速箱、飞轮壳、飞轮挡板、排气歧管等部件实际位置，保证起动机安装后与其他零部件无干涉。

（3）应标明制造厂商标、产品名称、产品型号、标称电压、制造日期和代号。

（4）起动机的旋转方向从驱动端观察，应在起动机适当部位标注旋转方向箭头。

四、设计验证

起动机设计验证内容主要有以下几个方面：

（1）起动机应能在周围介质温度为－40℃～95℃、相对湿度不大于 90％的条件下工作。

（2）厂家发货前，应进行下列试验：－40℃历时 2h 的低温试验，－40℃与 95℃历时五个循环的温度变化试验，95℃历时 2h 的高温试验，历时两个循环的交变湿热试验，历时 16h 的盐雾试验。试验后，恢复至室温，起动机空载与制动性能应符合产品技术条件。

（3）出厂前厂家应进行耐久性试验。汽油发动机用起动机 30000 次，柴油发动机用起动机 15000 次，经耐久性试验后，起动机的额定功率性能参数允许下降 15％或在 ZB T35001 中 3.2 条规定的环境条件下能起动发动机。

（4）起动机防护等级为 GB 4912.1 中规定的 IPX4 级，经防护等级试验后，其空载与制动性能应符合该产品技术条件，也可按用户要求采用其他防护等级。

（5）电磁啮合式起动机的电磁开关的闭合电压应符合表 9－9 规定。

表 9-9 起动机电磁开关闭合电压设计要求

电磁开关的闭合电压		
试验环境温度（℃）	标称电压（V）	
	12	24
23	⩽9	⩽18
95	⩽11.2	⩽22.4

（6）单向离合器在拨叉及复位弹簧的作用下，应能在电枢轴上顺利滑到啮合位置和返回原位。

（7）批量生产的同型号的起动机的可拆零部件应具有互换性。

（8）起动机外部的漆层应符合 ZB T35001 中 3.21 条要求。

第二节 发电机匹配设计

一、功能介绍

1. 基本功能

发电机是汽车的主要电源，其功用是在发动机正常运转时，向所有用电设备（起动机除外）供电，同时向蓄电池充电，保障发动机和整车的用电需求。

2. 基本原理

发电机的工作原理基于电磁感应定律和电磁力定律：用适当的导磁和导电材料构成互相进行电磁感应的磁路和电路，以产生电磁功率，达到能量转换的目的。

二、设计原则

使用性能方面，在发动机正常运转时，满足所有用电设备（起动机除外）用电需求，同时向蓄电池充电，提供储备电量。

整机装配方面，要求在整机给定的空间里，保证发动机运行时无干涉前提下，给发电机位置约束条件，同时为发电机固定设计相应的支架并给定约束条件。在发动机和整车的三维数模中确定出合理的位置，根据空间因素，与发电机制造厂交流确定交流发电机外形及安装尺寸，设计发电机固定支架将发电机固定在发动机上，避免发电机与车上的其他部件干涉或磕碰；同时考虑避开热源和飞溅的泥土，避免造成发电机的异常损坏。

1. 工作环境

周围环境温度：工作温度为－40℃～105℃；贮存温度为－40℃～115℃。

2. 上下左右关联件关系

发电机为功能件，在设计发电机时，要考虑到和周围相关件的关系，包括发动机右支架、发电机调节支架和前端轮系等。

（1）与右支架的配合

发电机的轴向位置由右支架确定，两者之间的配合尺寸为发电机的开挡距离，即间隙配合。为避免发电机在汽车运行时的轴向移动过大，通常要求两者之间的配合间隙小于1mm。

（2）与发电机调节支架的配合

发电机调节支架用于调整发电机的安装角度，从而对发电机皮带的张紧力度进行调整，以满足皮带的正常工作。发电机调节支架的调节槽宽度稍大于发电机调节螺栓直径（通常大1mm），以满足调整需要。

（3）与前端轮系的配合

发电机由曲轴通过发电机皮带带动发电机皮带轮转动发电，为保证发电机正常工作，要求发电机皮带完好，同时发电机皮带正常传动。要求设计时保证发电机皮带轮与曲轴减震皮带轮中心面共面。

3. 介绍和选择

（1）分类

汽车用发电机可分为直流发电机和交流发电机。由于交流发电机在许多方面优于直流发电机，因此，目前所有汽车均采用交流发电机。交流发电机按照不同的分类方法可分为以下几类。

① 按总体结构分类，可分为五类：

a. 普通交流发电机（使用时需要配装电压调节器的发电机）；

b. 整体式交流发电机（发电机和调节器制成一个整体的发电机）；

c. 带泵交流发电机（和汽车制动系统用真空助力泵安装在一起的发电机）；

d. 无刷交流发电机（不需要电刷的发电机）；

e. 永磁交流发电机（磁极为永磁铁制成的发电机）。

② 按整流器结构分类，可分为四类：

a. 六管交流发电机；

b. 八管交流发电机；

c. 九管交流发电机；

d. 十一管交流发电机。

③ 按磁场绕组搭铁形式分类，可分为两类：

a. 内搭铁型交流发电机——磁场绕组的一端（负极）直接搭铁（和壳体相连）；

b. 外搭铁型交流发电机——磁场绕组的一端（负极）接入调节器，通过调节器后再搭铁。

(2) 型号组成

根据中华人民共和国汽车行业标准《汽车电器设备产品型号编制方法》(QC/T73) 的规定，汽车交流发电机型号组成如下：

① 产品代号

产品代号用英文字母表示，产品代号与发电机型号对应，例如：

JF——普通交流发电机；

JFZ——整体式（调节器内置）交流发电机；

JFB——带泵的交流发电机；

JFW——无刷交流发电机。

② 电压等级代号

电压等级分类代号用一位阿拉伯数字表示，例如：1 表示 12V 系统，2 表示 24V 系统。分类代号与电压等级之间关系如表 9－2 所列。

③ 电流等级代号

电流等级代号也用一位阿拉伯数字表示，其含义如表 9-10 所列。

表 9-10 代号与电压等级对应关系表

代 号	1	2	3	4	5	6	7	8	9
电流等级（A）	19	≥20～29	≥30～39	≥40～49	≥50～59	≥60～69	≥70～79	≥80～89	≥90

（3）发电机结构

发电机通常由定子、转子、端盖及轴承等部件构成。定子由定子铁芯、线包绕组、机座以及固定这些部分的其他结构件组成；转子由转子铁芯（或磁极、磁扼）绕组、护环、中心环、滑环、风扇及转轴等部件组成。由轴承及端盖将发电机的定子、转子连接组装起来，使转子能在定子中旋转，做切割磁力线的运动，从而产生感应电势，通过接线端子引出，接在回路中，便产生了电流。其中转子、定子、调节器、整流器为发电机重要组成部分。图 9-8 为发电机结构件分解图。

图 9-8 发电机结构件分解图

① 转子

由两个爪极和激励线圈组合而成，功能是产生磁场。图 9-9 为发电机转子实物组装示意图。

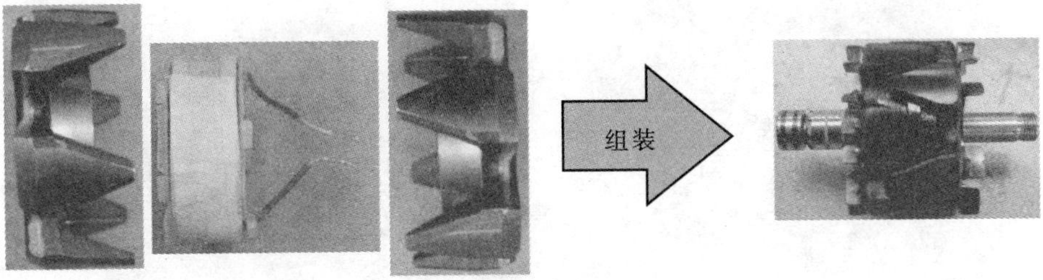

图 9-9 发电机转子

② 定子

当转子旋转产生旋转磁场时，定子切割磁力线产生三相交流电。图 9-10 为定子实物、接线方式和输出曲线图。

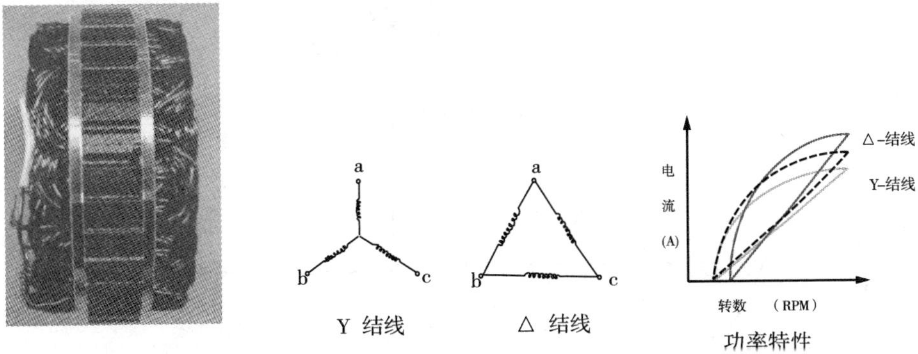

图 9-10 发电机定子、接线方式和输出曲线

③ 调节器

调节器的功能是控制发电机产生电压。常见的调节器种类有触点式电压调节器、晶体管调节器、集成电路调节器、电脑控制调节器。图 9-11 为某发电机调节器实物图。

④ 整流桥

整流桥的功能是将交流电转化为直流电。图 9-12 为某发电机整流桥实物图，图 9-13 为整流桥原理图，图 9-14 为整流过程电流变化示意图。

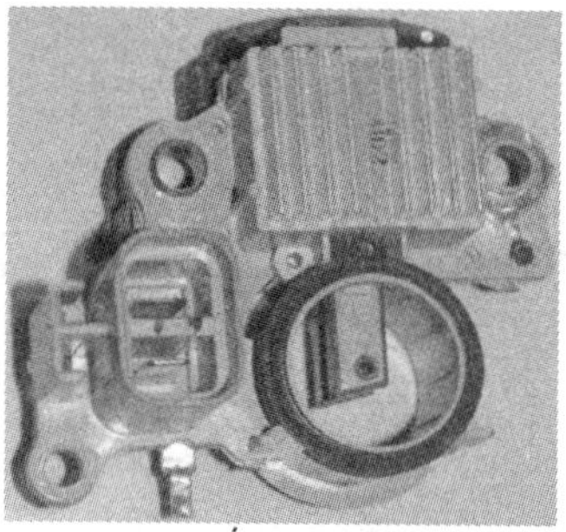

图 9－11　发电机调节器

图 9－12　发电机整流桥

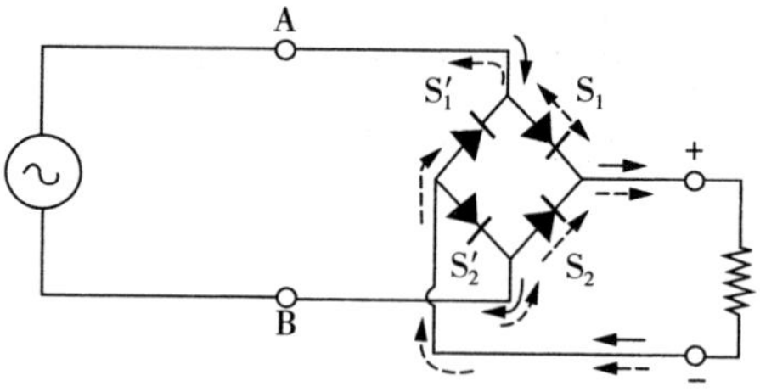

图 9－13　整流桥原理图

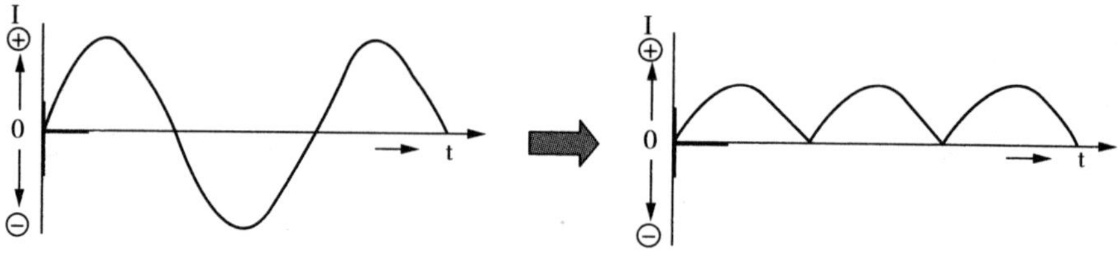

图 9－14　整流电流变化示意图

（4）关键参数的确定

发电机为功能件，其关键参数主要为发电机的性能参数和整机传动比。

1）设计参数

① 性能参数

发电机的性能参数包括额定电压、额定电流、试验电压、额定转速、最大工作转速、交流发电机冷态输出和交流发电机热态输出。

额定电压 U_R：所谓额定电压，也叫标准电压，就是发电机在正常运行时具有最大经济效益时的电压。

额定电流 I_R：是指在基准环境温度下，在额定电压工作条件下，发热不超过长期发热允许温度时所允许长期通过的最大电流。发电机的额定电流是指设计额定电流，发电机出力达到额定功率时才能达到额定电流。

额定功率 P_R：额定电压 U_R 与额定电流 I_R 的乘积。

试验电压 U_t：测试输出电流特性时所规定的电压值（配用电磁振动式电压调节器交流发电机，试验电压值为 14V、28V；配用电子式调节器，为使调节器处于非工作状态，试验电压值为 13.5V、27V）。

额定转速 n_R：交流发电机在环境温度（23±5)℃和试验电压 U_t 下，输出额定电流 I_R 时允许的最大转速。

最大工作转速 n_{max}：交流发电机在环境温度（23±5)℃、试验电压 U_t 和输出最大电流下，至少正常连续工作 15min 的最高转速（第Ⅰ、第Ⅱ、第Ⅲ系列交流机为 12000r/min，第Ⅳ系列为 8000 r/min)。

交流发电机冷态输出：交流发电机机体温度处于（23±5)℃时的输出电流值。

交流发电机热态输出：交流发电机在环境温度（23±5)℃下工作，机体温度达到稳定温度时的输出电流值。

表 9－11 列出了汽车发电机冷态和热态条件下工作性能参数规定。

经用户与发电机制造厂协商，可对各具体产品热态条件下性能参数另行规定。

表 9－11　汽车发电机冷态和热态工作性能

规　格	试验电压（V）		零电流转速 (r/min)（max)	1500r/min 时的输出电流（A）(min)	2000r/min 时的输出电流（A）(min)	6000r/min 时的输出电流（A）(min)
14V 35A	13.5	冷态	1050	16	25	40
		热态	1100	14	20	35
14V 45A	13.5	冷态	1050	20	35	50
		热态	1100	17	30	45
14V 55A	13.5	冷态	1050	25	40	60
		热态	1100	20	35	55

（续表）

规　格	试验电压（V）		零电流转速（r/min）（max）	1500r/min时的输出电流（A）（min）	2000r/min时的输出电流（A）（min）	6000r/min时的输出电流（A）（min）
14V 65A	13.5	冷态	1050	32	45	72
		热态	1100	25	40	65
14V 80A	13.5	冷态	1050	37	55	90
		热态	1100	32	45	80
14V 90A	13.5	冷态	1100	42	70	104
		热态	1150	38	60	90
14V 105A	13.5	冷态	1100	45	80	120
		热态	1150	40	70	105
14V 120A	13.5	冷态	1100	50	90	140
		热态	1200	45	80	120
14V 140A	13.5	冷态	1100	58	110	160
		热态	1200	50	100	140
14V 160A	13.5	冷态	1100	65	125	180
		热态	1200	58	115	160
14V 180A	13.5	冷态	1100	70	140	200
		热态	1200	62	125	180
20V 30A	27.0	冷态	1100	14	20	35
		热态	1150	12	16	30
20V 35A	27.0	冷态	1100	16	25	40
		热态	1150	14	20	35
20V 45A	27.0	冷态	1100	20	35	50
		热态	1150	17	30	45
20V 55A	27.0	冷态	1150	25	40	60
		热态	1200	20	35	55

（续表）

规　格	试验电压（V）		零电流转速（r/min）（max）	1500r/min时的输出电流（A）（min）	2000r/min时的输出电流（A）（min）	6000r/min时的输出电流（A）（min）
20V 65A	27.0	冷态	1150	32	45	72
		热态	1200	25	40	65
20V 90A	27.0	冷态	1150	40	70	104
		热态	1250	35	60	90
20V 120A	27.0	冷态	1150	50	90	140
		热态	1250	45	80	120
20V 140A	27.0	冷态	1150	58	110	160
		热态	1250	50	100	140
20V 160A	27.0	冷态	1150	65	125	180
		热态	1250	58	115	160
注：1500r/min、2000r/min 输出电流可以任选择一点。						

② 性能影响因素

a. 调节电压

配用电子式电压调节器的交流发电机，其电压调节性能推荐值如下。

调节电压值：12V 系列为 14.5V ± 0.25V；24V 系列为 28.5V ±0.3V。

负载特性：交流发电机的负载从 10%到 90%变化时，调节器的电压变化 $|\Delta U|$ 不得大于 0.5V。

转速特性：交流发电机的转速从 1000r/min 到 10000r/min 变化时，调节器的电压变化 $|\Delta U|$ 不得大于 0.3V。

调节电压值允许由用户与电机制造厂商定，并在具体产品技术条件中规定。

b. 调节器温度补偿

用电子式电压调节器交流发电机，其高温电压调节性能应符合表 9 - 11 规定。

表 9-12 电子式电压调节发电机温度补偿系数

工作电压等级（V）	调节电压（V）	调节器温度补偿系数（mV/℃）
12	≥13	0～-7
24	≥26	0～-10

2）相关设计参数

① 传动比

传动比是指发电机转速与发动机转速的比值。在发动机转速一定的情况下，传动比根据发电机所需转速确定。通过调整发电机皮带轮的直径，可以改变发动机与发电机之间的传动比。发电机皮带轮的直径增加（一般情况下，曲轴皮带轮直径不做改变），传动比变小。

② 发动机怠速转速

每款发电机都有最低发电转速要求，低于此转速时发电机不能发电。而在某一低转速段，发电机能发电，但发电机电压低于蓄电池电压时，发电机无法向蓄电池充电。

发动机怠速条件下，发电机转速为发动机怠速转速与传动比的乘积。为保证发电机在怠速条件下正常发电，要求发动机怠速转速与传动比的乘积大于发电机最低正常发电转速。

三、设计步骤

作为发动机的功能附件，发电机不需要进行单独的设计，它是一个成熟的产品，具有一定的标准，是系列产品。我们设计时需要结合整车和发动机对电量的需求选定发电机、发电机与整车的连接方式以及发电机在发动机上的合理布置。

1. 整车发电机选配

发电机选配原则是尽量为用户降低成本，从经济性、可靠性和耐久性的角度出发。当空调用电量较小时，可使用一台发电机。而当空调用电量较大时，应优先考虑双发电机配置，即其中一台无电瓶发电机单独为空调系统供电，另一台发电机为蓄电池充电和为其他用电器供电。另一种推荐的双发电机配置是两台发电机并联，同时为整车用电器供电，但并不是所有的发电机都适合并联，双发电机并联对线路和系统要求较为严格。

（1）计算用电器的用电量

列出所有用电器。将除空调和暖风外的所有用电器的用电量相加得出数值为 I_1，空调用电量为 I_2，暖风用电量为 I_3。根据不同车的使用状态，将怠速状态下工作的主要用电器（不含空调和暖风）的用电量相加，得出车辆主要电器用电量 I_4。此时可以初步确定整车是使用一台发电机还是两台发电机。以可选的发电机最大输出为 150A 为例，如果 $I_1+I_2\geqslant 150A\times 85\%\approx 125A$，推荐使用双电机。

（2）计算传动比

计算此时发电机皮带轮同发动机曲轴皮带轮之间的传动比，然后计算出发动机怠速时发电机的转速，根据所选定发电机的输出曲线可得到此时发电机的输出电流 I。

（3）调整传动比

当整车使用一台发电机时，可通过调整传动比、提高发动机转速或增加怠速提速装置的方法，使 $I\geqslant I_2+I_4$。如果不能满足，则空调系统要单独使用一台无电瓶发电机，保证 $I\geqslant I_2$，而为车辆电器、蓄电池和暖风机提供电流的发电机也要满足 $I\geqslant I_3+I_4$。注意：通常交流发电机的额定转速为 6000r/min；最大工作转速：12V 系统为 15000r/min，24V 系统为 12000r/min。

2. 设计检查

设计检查分为发电机的性能检查和工艺性检查。其中发电机的性能检查在发电机选配时保证，发电机的工艺性审查主要是对发电机的装配性和与相关零部件的干涉性检查。装配工艺较简单，下面分别给出了几款发电机的二维、三维图片，其中包括发电机与发动机其他部件的相对位置关系。

（1）发电机总成二维图

某发电机总成二维图如图 9－15 所示，图中对安装尺寸和性能参数进行了省略，实际绘图中需要按照制图规范进行标注。

（2）发电机总成三维数模

发电机一般安装在发动机前端轮系上，常用的驱动方式是皮带驱动，图 9－16 是发电机常用的布置方式图，图 9－17 是某发电机的三维外形数模，图 9－18 为某发电机剖视图。

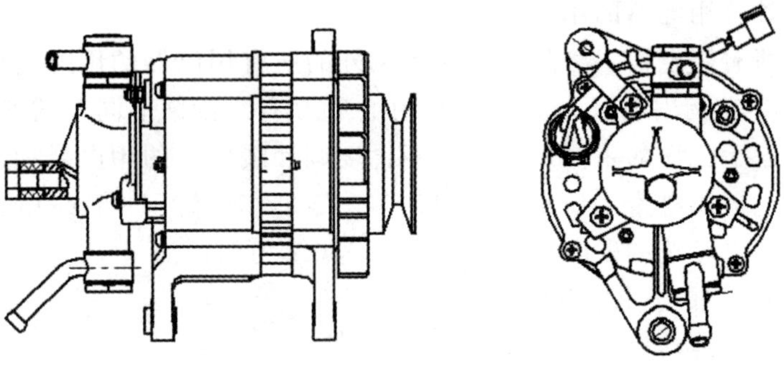

图 9-15　某发电机总成二维图

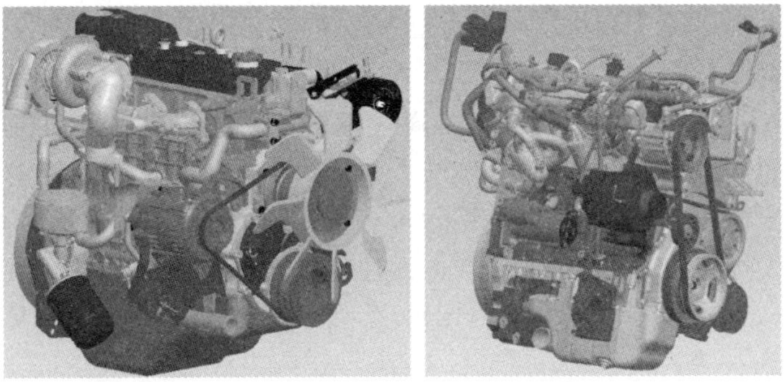

图 9-16　某两款发电机总成在发动机上位置

图 9-17　发电机总成三维外形模型

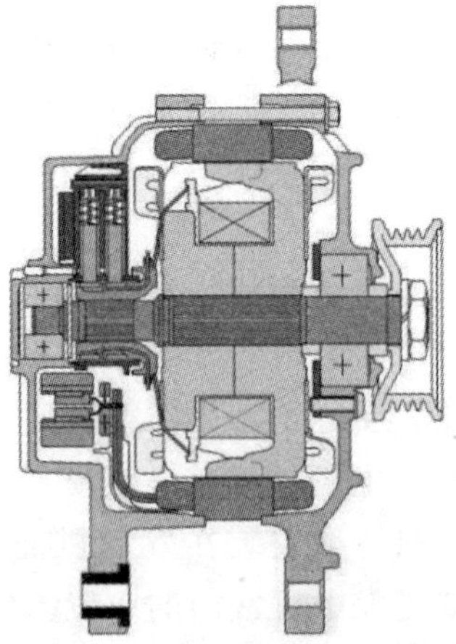

图 9-18　发电机纵剖示意图

四、设计验证

1. 外观

(1) 交流发电机外表面应清洁、无油污和碰伤等现象。

(2) 交流发电机由黑色金属制造的零部件外露部分，应具有防腐蚀保护层。

2. 旋转方向

交流发电机旋转方向从驱动端视为顺时针方向，经用户与发电机制造厂协商也可制成为逆时针方向，但必须在发电机上的显著位置标示旋转方向的箭头。

3. 搭铁极性

交流发电机输出引线为单线制，并使负极搭铁。经用户与发电机制造厂协商也可制成双线制，但必须有表示极性的明显标志。

4. 工作噪声

交流发电机工作时应无异常的机械噪声。但当客户对交流发电机各个转速下的噪声值有要求时，应在产品技术条件中明确规定。

5. 防护能力

交流发电机的防护等级为 IPX4，或由其产品技术条件规定。试验后，性能应符合表 9－11 的冷态和热态性能规定和满足调节电压值所规定范围。

6. 耐工业溶剂性

交流发电机应按 QC/T 413 中的规定进行耐工业溶剂试验，溶剂为制动液、防冻液、发动机机油、发动机用燃油（上述 4 种溶剂的技术要求应符合交流发电机所配车型或发动机的有关规定），试验时间为 24h。试验后，交流发电机上的有关保护层、标记及标识不应损坏。

7. 性能试验验证

要求设计好的发电机能满足以下试验要求：

(1) 热态工作性能和冷态工作性能试验。交流发电机冷态和热态特性曲线应符合其产品技术条件所规定的范围，同时满足表9－11中所列的汽车发电机热态和冷态条件下性能参数的规定。

(2) 超速试验。交流发电机应承受 $1.2n_{max}$ 历时 2min 的超速试验。试验后，零部件应无损伤、变形，紧固件不松动，其性能应符合表 9－11 的冷态与热态性能规定和满足调节电压值的规定范围。

(3) 振动试验。交流发电机在工作状态下，应承受 QC/T 413 中规定的安装在发动机上产品的振动试验。试验后，交流发电机各零部件无损伤、变形，紧固件不松动，其性能应符合表 9－11 的冷态与热态性能规定和满足调节电压值的规定范围。

(4) 耐电压试验。交流发电机各导电部位（不包括电子器件）对机壳间应耐受 QC/T 413 中所规定的耐电压试验，绝缘部件应不被击穿。

(5) 耐温度性能试验。交流发电机应按 QC/T 413 中的规定进行产品耐温度性能试验。试验后，各零部件无异常现象，其产品外形图上所要求的拧紧力矩值的变化不得超过试验前初始值的 50%，性能应符合表 9－11 的冷热态性能规定和满足调节电压值的规定范围。

(6) 耐温度/湿度循环变化性能试验。交流发电机应按 QC/T 413 中的规定进行产品耐温度/湿度循环变化性能试验。试验后，其性能应符合表 9－11 的冷态与热态性能规定和满足调节电压值的规定范围。

(7) 耐盐雾性能试验。交流发电机应按 QC/T 413 中的规定进行盐雾试验，试验时间为 96h。试验后，由黑色金属制造的外露零部件不应出现腐蚀金属母体的现象，其性能应符合表 9－11 的冷态与热态性能规定和满足调节电压值的规定范围。

(8) 耐久性试验。交流发电机应能承受 2000h 的耐久性试验，或 120000km 里道路试验，试验后，其热态性能值允许比其耐久性试验前的热态性能值低 5%，调节电压值应满足调节电压值的规定范围，定子、转子绝缘电阻应大于 1MΩ。

第十章　燃油系统匹配设计

第一节　燃油系统结构和功能

燃油供给系统的功用如下：

（1）在适当的时刻，将一定数量的洁净燃油增压后以适当的规律喷入燃烧室。各缸的喷油定时和喷油量相同且与燃油机运行工况相适应。喷油压力、喷射雾化质量及其在燃烧室内的分布与燃烧室类型相适应。

（2）在每一个工作循环内，各气缸均喷油一次，喷油次序与气缸工作顺序一致。

（3）根据燃油机负荷的变化自动调节循环供油量，以保证燃油机稳定运转，尤其是稳定怠速，同时还具有限制超速的作用。

（4）储存一定数量的燃油，保证汽车的最大续驶里程。

一、汽油燃油系统结构

汽油燃油系统主要由汽油箱、电动汽油泵、汽油滤清器、输油管、回油管、分配油轨、油压调节器和喷油器等组成。燃油系统的作用是提供汽油喷射所需的压力燃油，并在电脑的控制下将燃油喷入进气歧管或者燃烧室。

1. 燃油箱

燃油箱（汽油箱）供储存燃油用。

2. 燃油泵

燃油泵（电动汽油泵），其作用是将燃油从燃油箱中泵入燃油管路，并使燃油保持一定的压力，经过滤清器输送到燃油喷油器和冷起动阀。

燃油泵按其安装位置分为外装泵和内装泵两种。外装泵是将泵装在油箱之外的输油管路中，内装泵则是将泵安装在燃油箱内。与外装泵比较，它不易产生气阻和燃油泄漏，且噪音小。目前大多数汽车采用内装泵。

3. 燃油缓冲器

燃油缓冲器也称脉动阻尼器，其作用是使燃油泵泵出的油压变得平稳，减少油压波动和降低噪音。

4. 燃油压力调节器

油路中安装有燃油压力调节器，它使燃油压力与入气压力或进气管负压相对保持一定，即保持喷油压力与喷油环境压力的差值一定。此压力差一般维持在 250kPa，当供油压力超过规定值时，压力调节器内的减压阀打开，汽油便经过回油管流回油箱，使输油管油压保持恒定。

5. 燃油滤清器

燃油滤清器装在燃油缓冲器与喷油器之间的油路中，其作用是滤除燃油中的水分和杂质等污物，以防堵塞喷油器。

6. 喷油器

喷油器安装在节气门体空气入口处（SPI 系统）或进气歧管靠近各缸进气门附近（MPI 系统），受电子控制器喷油信号的控制，其喷油量由喷油器通电时间的长短决定，从而将适量的燃油成雾状喷入进气歧管。

喷油器的喷油原理是：由电子控制器送来喷油电流信号，电流流经电磁线圈产生电磁吸力，该吸力吸引铁心，由于针阀与铁心制成一体，故此时针阀打开，燃油由喷油器喷出。

节温定时开关和冷起动阀（冷起动喷油器）节温定时开关的作用是监测冷却水的温度，当发动机起动，冷却水温度低 114℃时，开关的触点闭合，使冷起动阀喷油。冷起动阀的作用是在冷起动发动机时向进气歧管喷射额外的燃油，以改善低温起动性能。有不少汽车已取消了节温定时开关，冷起动喷油器的工作完全由 ECU 控制，其控制精度更高。

二、柴油燃油系统结构

柴油机燃油供给系统包括喷油泵、喷油器和调速器等主要部件及燃油箱、输油管、油水分离器、燃油滤清器、喷油提前器和高压、低压油管等辅助装置。喷油器是柴油机燃油供给系统中实现燃油喷射的重要部件，其功用是根据柴油机混合气形成的特点，将燃油雾化成细微的油滴，并将其喷射到燃烧室特定的部位。

1. 输油泵

输油泵的功用是保证有足够的柴油从燃油箱输送到喷油泵，并维持一定的供油压力，以克服管路及燃油滤清器阻力，使柴油在低压管路中循环。输油泵的输油量一般为柴油机全负荷需要量的3～4倍。目前，大多数柴油机的输油泵为发动机上自带的高压油泵，整车燃油系统中不需要另配输油泵。随着排放的升级，对喷油压力的要求不断提高，部分柴油机对发动机自带高压油泵进油口处压力提出更高的要求，这就需要燃油系统中增加低压输油泵，提高到达发动机处的燃油压力。

2. 燃油滤清器

燃油滤清器的功用是滤除柴油中的杂质。对滤清器的基本要求是阻力小、寿命长、过滤效率高。

燃油的清洁度对燃油系统，尤其是对喷油泵和喷油器中精密部件的工作可靠性和使用寿命有很大的影响。柴油在运输和储存过程中，不可避免地会混入灰尘、水分和金属容器表面的锈蚀等杂质。长期储存之后，柴油还可能氧化变质而结焦。因此，燃油滤清器的使用对保护柴油发动机具有重要的作用，它为柴油发动机提供了一道屏障。柴油燃油滤清器的应用可有效防止柴油机的损坏，大大提高发动机的寿命。

3. 油水分离器

油水分离器布置在燃油箱和输油泵之间，油水分离器的主要功用是除去燃油中的水分。为了防止低温环境下油水分离器内的水结冰影响发动机起动，大部分柴油车的油水分离器带有电加热功能。对柴油发动机而言，油水分离器带有手动泵油功能，通过手动泵油，可排除燃油管路内的空气，保证柴油发动机的正常启动。

4. 喷油泵

喷油泵是安装在发动机上的高压油泵，柴油经喷油泵加压后进入高压油泵、高压油管和喷油器，进入柴油机气缸。喷油泵的功用是按照柴油机的运行工况和气缸工作顺序，以一定的规律适时、定量地向喷油器输送高压燃油。

为了保证多缸柴油发动机更好的工作，柴油机喷油泵应满足下列要求：

(1) 各缸供油量相等。在标定工况下各缸供油量相差不超过3%～4%。喷油泵的供油量应随柴油机工况的变化而变化，为此喷油泵必须有供油量调节机构。

(2) 各缸供油提前角相同，误差小于0.5°～1°曲轴转角。供油提前角也应随柴油机工况的变化而变化，为此应装置喷油提前器。

(3) 各缸供油持续角一致。

(4) 能迅速停止供油，以防止喷油器发生滴漏现象。

调速器是一种自动调节装置，它根据柴油机负荷的变化，自动增减喷油泵的供油量，使柴油机能够以稳定的转速运行。

第二节 燃油系统匹配设计

燃油系统匹配设计主要是根据发动机燃油系统对进油压力、燃油清洁度和燃油流量等方面的要求以及整车续驶里程方面的要求进行整个燃油系统的设计。

发动机应根据整机性能要求、排放要求，结合现有零部件开发体系和供应商资源，选择合适的燃油喷射系统。而燃油喷射系统根据要求，进行输油泵的选型、燃油管路的设计和燃油滤清器的匹配等。

对于汽油车，燃油系统输油泵主要为整车燃油箱中自带的低压电子输油泵，低压燃油泵的常用压力为3～6bar；近年来流行的高压直喷汽油机，除了燃油箱中自带的低压电子输油泵外，发动机上还配备有高压输油泵，高压输油泵的常用输出压力为100～400bar。

对于柴油车，燃油系统输油泵主要由发动机自带的高压输油泵组成，高压输油泵常用的工作压力为1400～1800bar；近年来，随着排放的不断升级，高压油泵工作压力不断提高，2000～2500bar压力燃油泵在车辆上得到应用。对部分柴油车，为了获取较高的泵后压力，对燃油泵进油压力提出了更高的要求，这就需要在燃油系统匹配设计过程中增加低压输油泵，常用的是电子式低压输油泵，它具有结构简单、安装灵活、压力控制范围广等特点。

燃油滤清器是燃油系统匹配过程中需要重点关注的零部件之一，它对进入发动机的燃油清洁度控制具有重要的作用。燃油滤清器匹配过程中主要关注滤清级数、过滤效果、滤清效率、容尘量和过滤阻力等，同时，是否带电加热及电加热功率大小、是否带放水功能等也是需要关注的要素。

燃油箱是燃油系统的储存装置，在燃油系统匹配过程中也需要关注。首先需要关注的是燃油箱的容积，燃油箱的容积一般根据整车油耗水平和整车续驶里程综合确定。一般来说整车续驶里程不低于500km。对于大型车辆，油箱安装的尽量离发动机近一些，一般来说燃油箱出油口至发动机进油口的距离控制在3m以内。为了保证发动机供油系统正常工作，燃油箱的安装高度要满足最低油面不低于发动机进油口1.4m。燃油箱中进、回油管口都应低于最低油面，并保证进油管口离油箱最低面位置为30～50mm，以保证整车处于任何姿态发动机都能顺畅地供油。

燃油管路是燃油系统的输送单元，其对燃油系统正常工作起到保驾护航的作用。燃油管应使用内表面光滑、阻力小并能耐油的材料，如使用尼龙类软管。为了避免急弯处供油阻力增加，应采用成形加工。根据不同发动机供油量的大小不同，燃油管内径应不小于发动机进油口内径；对于进油管长度超过4m的车型，还应在此基础上把内径加大2mm。对于使用的软管类油管，在与其他零部件相接触时应加保护套，避免产生动态干涉后出现磨损进而导致漏油。如果油路中进入空气或其他脏东西，将严重影响发动机的工作，为此应确保各接口连接可靠，并保证密封要求。

综上所述，对燃油系统设计原则总结如下：

（1）燃油量能够保证整车具有足够的续航能力，不同车辆应具有不同的油箱容积要求；

（2）燃油系统设计应满足国家法规对设计的要求，整车燃油蒸发量应满足最低排放标准，以达到环保要求；

（3）充分考虑到燃油系统的燃油挥发及发动机需要的供油压力要求，设计时充分考虑需使整个系统的承受压力能够满足系统压力要求；

（4）燃油系统的耐油性是燃油系统设计的基本要求，要满足耐油性相关试验要求；

（5）发动机喷油系统需要一定的供油压力，供油压力取决于燃油泵每分钟的喷油量，如果有回油系统，设计燃油泵时要充分考虑设计燃油泵的卸压阀的卸压压力；

（6）燃油箱内油量与燃油表显示密切相关，燃油泵的油量传感器输出阻值、油浮高度和燃油箱内的燃油容积三者密切相关，设计时要充分验证，同时要考虑整车在实际加油过程中，加油枪跳枪时加油量并不是油箱最大容积；

（7）燃油箱设计要满足国际安全法规要求，同时为了防止燃油箱内燃油挥发到空气中造成污染，在汽油车燃油系统中需设计避免出现因压力过大而造成油箱损坏的卸压阀、单向阀、重力阀等；

（8）加油口盖设计不仅要满足密封要求，同时要设计双向阀来满足油箱中产生正压或负压达到一定值后可以出气或进气，以保证燃油箱不会损坏的要求；

（9）燃油滤清器的设计要满足阻力小并且滤清效率要高的要求，要满足燃油管路中油压的要求。

第三节　燃油系统匹配参数表

为了便于汽车工程师做好燃油系统匹配设计工作，现对燃油系统相关的设计参数进行归纳和概括，具体如下：

一、燃油系统匹配目标参数

根据燃油系统的特点，燃油系统的主要目标是持续稳定地为发动机提供正常工作必需的燃油，同时根据系统特点将多余的燃油送回燃油箱。此部分参数由发动机设计部门和整车设计部门一起讨论确定。具体参数如表10－1所列。

表10－1　燃油系统匹配目标参数表

序号	项　目	参　数
1	发动机燃油进油口压力（kPa）	
2	进油接口型式	

（续表）

序号	项　　目		参　　数
3	回油接口型式		
4	燃油滤清器	级数	
5		是否带加热	
6		过滤效果	
7		滤清效率	
8		容尘量	
9		过滤阻力（kPa）	
10		是否带放水装置	
11		电加热功率（kW）	
12	油箱容积（L）		
13	发动机最大允许燃油流量（L/min）		
14	低压油路供油油量（L/h）		

二、发动机燃油系统设计参数

发动机燃油系统设计参数是为了确保发动机燃油正常工作而设计的基本参数。根据发动机燃油系统工作原理进行定义，整车需要满足发动机燃油系统相关需求。此部分参数主要由发动机设计部门定义，但需告知整车设计部门。具体参数如表 10－2 所列。

表 10－2　发动机燃油系统设计参数表

序号	项　　目	参　　数
1	回油特性	
2	回油阻力（kPa）	
3	发动机回油口外径（mm）	
4	发动机回油口内径（mm）	
5	油轨压力（kPa）	

（续表）

序号	项　　目	参　　数
6	发动机进油口外径（mm）	
7	发动机进油口内径（mm）	
8	碳罐电磁阀接口尺寸	
9	燃油进油温度（℃）	
10	燃油回油温度（℃）	
11	燃油进油流量	
12	燃油清洁度要求	

第十一章　悬置系统匹配设计

汽车动力总成通常通过悬置系统连接在汽车车身或车架上，悬置系统支承着动力总成的全部质量，在受到各种干扰力（如加速、减速等）作用的情形时，为了防止其与其他零部件发生干涉，悬置系统应该能够明显地限制动力总成位移。同时，它应具有良好的隔振作用，尽可能缓解动力总成与车架、车身间相互传递振动。因此，动力总成悬置系统是汽车构造的一个重要子系统，在改善汽车乘坐舒适性和行驶平顺性方面有着非常重要的作用，所以在现代汽车的研究中，动力总成悬置系统的分析和研究日益受到重视和关注。

在汽车刚刚诞生之时，动力总成是被螺栓直接刚性地连接在车架上，这样发动机工作所产生的振动和噪声便直接传到了车体。后来人们发现这种刚性连接会造成发动机缸体及支架的损坏，于是就用皮革、布垫等柔性件连接来替代以往的刚性连接。再后来人们对汽车的乘坐舒适性提出了更高的要求，一些制造商开始使用橡胶件来连接动力总成与车架，由于橡胶件有着良好的隔振特性，车身与动力总成间振动的传递得到了很好的改善。现在为大多数人使用的六自由度解耦理论及计算方法是由 Horison 和 Horovitz 在 20 世纪 50 年代提出的。他们把汽车车架和动力总成当作刚体处理，同时把橡胶悬置件当作纯弹簧，运用动力总成的惯性主轴性质及撞击中心的理论说明了如何通过调整橡胶悬置的安装位置及其刚度，使动力总成的各悬置不会发生振动干涉，然后分别按单个自由度的振动系统去处理，认为系统在垂直方向的固有频率及绕曲轴旋转方向的频率应该不超过发动机在怠速时相应振动频率，这样才能取得比较满意的隔振效果。最近二十年，计算机软件技术的飞速发展，为悬置系统的分析和研发提供了完美的平台，使悬置系统仿真分析与优化设计得以开展和研究。Johnson 首次将优化技术应用于悬置系统的设计，以系统各阶固有频率的合理匹配和各自由度之间的振动解耦为目标函数，以悬置位置和刚度作为设计变量对其进行了优化分析，结果系统各向振动的耦合程度大大减轻，同时也将系统六阶固有频率控制在所期望的范围内。

1987 年，H. Hata 和 H. Tanaka 进一步研究了发动机在怠速工况下悬置系统的振动情况，指出：优化悬置位置的效果要好于优化悬置的刚度；车身弯曲共振频率在高于怠速频率的基础上越大越好；动力总成的固有频率应小于 1 倍的怠速频率。

理想的动力总成悬置应当在不同的频率和振幅下有不同的隔振性能：在发动机低频大振幅振动范围内，悬置应有足够大的动刚度和较大的阻尼；在中高频范围内悬置应有较小阻尼以降低振动与噪声向车内传递。悬置还必须具有较高的静刚度，以支承动力总成重量，因而国外现代轿车已大部分运用了新一代的液阻悬置来取代传统形式的橡胶悬置，这样使整车达到了更好的隔振效果。

20 世纪 70 年代末，国外的轿车动力总成开始使用液压型橡胶悬置(Hydraulically Damped Rubber Mount，HDRM)，简称液压悬置。目前液压悬置按控制方式还可分为被动式液压悬置、半主动控制式液压悬置和主动控制式液压悬置三种。

1979 年，液阻悬置首先在德国大众公司生产的 Audi5 缸发动机上得到了应用。同年，日本著名汽车企业在此基础上进一步研发了液阻悬置，大大优化了液阻悬置的构造，使其性能大幅提升。随后西方各汽车大国也纷纷展开了对液阻悬置的研究。

国内学者对动力总成悬置的研究也颇为活跃。从 1983 年起，徐石安等人就开始对悬置系统进行研究，在优化问题上以悬置处动反力幅值最小为目标函数，适当控制系统的固有频率，取得了较好的效果。1985 年，潘旭峰等人结合 DD680 大客车发动机悬置参数设计问题，应用模糊集理论，通过移频、解耦、降低悬置处响应力等各种途径，对悬置参数进行了模糊多目标优化，获得了较为满意的综合效果。

1992 年，上官文斌等人从工程实用角度出发，给出了动力总成悬置优化设计的方法，在扭矩轴坐标系中建立优化模型，以系统固有频率为目标函数，充分考虑系统解耦、撞击中心理论应用、一阶弯曲模态节点选取等原则，并以此为约束进行优化计算，取得了良好的效果。1994 年，王立公等人率先在国内对液阻悬置结构发展进行了系统论述，阐述了各种典型的液阻悬置的结构工作原理和性能特点及其发展趋势。2001 年，王利荣等人也对国外液阻悬置的研究发展进行了较系统的评述和总结。1999 年，裘新等人建立了一种轿车动力总成液阻悬置及副车架系统的非线性力学模型，进行了系统固有振动特性的模拟计算，同时对液阻悬置和橡胶悬置的隔振特性进行了对比分析，并得到实验模态分析结果的证实。2002 年，吕振华等人对国内一种轿车的发动机液阻悬置建立了集总参数的力学和数学模型，进行了动态特性仿真，并与实验测试结果进行了对比分析，其研究方法具有一定的指导意义。

将传统的橡胶悬置和液力阻尼结合起来便是液阻悬置。在低频振动时液阻悬置具有阻尼大、动刚度特性高的特点，既能快速地隔离、衰减发动机在低速时产生的稳态振动，又能很好地对非稳态工况下动力总成的振动与位移进行控制；当其在高频振动时则具有阻尼较小、动刚度较低的特性，能够在较宽的频带范围内满足动力总成在不同情况下的高频隔振要求，降低了汽车在行驶中所产生的振动与噪声，这样便可以大大改善车辆的乘坐舒适性，并且对汽车的行驶安全和提高操作稳定性有一定帮助。液阻悬置因动态特性非常理想，故而得到广泛应用。

第一节　悬置系统的结构和功能

一、悬置系统的结构

1. 动力总成布置形式

根据整车布置形式的不同，常见的动力总成布置形式为前置前驱结构和前置后驱结构。前置前驱结构适合于较小排量的动力总成，在家用轿车、SUV 等车型中广泛应用；前置后驱结构适合于较大排量的动力总成，在 MPV 车型、轻型客车、货车中广泛应用。两种布置形式如图 11－1 所示，图中左侧为前置后驱结构形式，右侧为前置前驱结构形式。

两种布置形式的质量分布和转矩特性如表 11－1 所列。

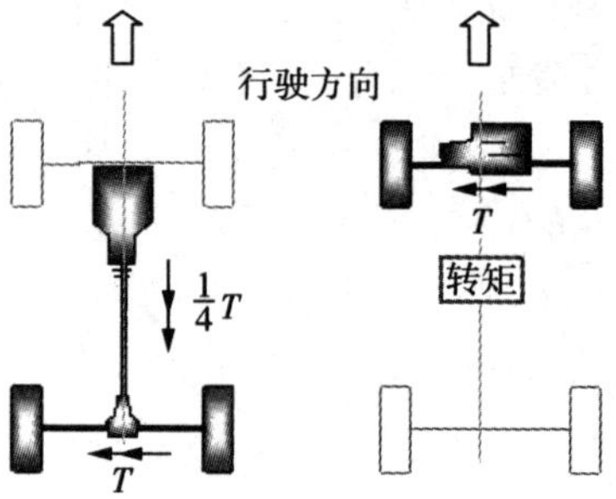

图 11-1　常见动力总成布置形式示意图

表 11-1　前置后驱和前置前驱的质量分布和转矩特性

布置形式	前置后驱	前置前驱
质量	发动机+变速箱	发动机+变速箱+驱动轴
转矩	约 1/4 的驱动转矩 T	全部的驱动转矩 T
转矩方向	纵向	横向

动力总成纵置，整车布置形式为前置后驱。该布置形式下，发动机左右两侧各一个悬置支撑点，变速箱后端布置另一个悬置支撑点，整个动力总成处于三点式支撑状态，如图 11-2 所示。

图 11-2　纵置三点式悬置支撑示意图

动力总成横置，整车布置形式为前置前驱。该布置形式下，常用的有三点式悬置方案、四点式悬置方案和摆动式悬置方案，具体区别如图 11 - 3 所示。

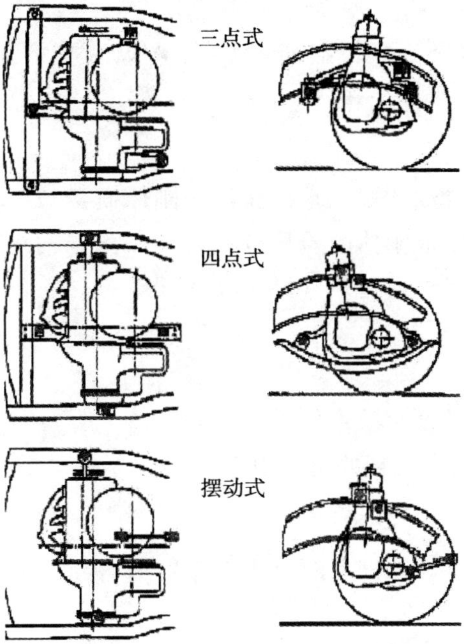

图 11 - 3　横置发动机悬置支撑类型

2. 常见悬置类型

根据悬置结构和材质的不同，整车上常用的悬置包括橡胶悬置和液力悬置。

(1) 橡胶悬置：悬置结构为橡胶＋金属支架，在低频、大振幅激励下的动刚度和滞后角变化小；在高频、小振幅激励下的动刚度和滞后角变化不大，容易产生动态硬化现象。橡胶悬置常用于发动机前后悬置，阻止发动机过度扭转。

(2) 液力悬置：悬置结构为橡胶形腔＋液体（乙二醇）＋金属支架，在低频、大振幅的激励下具有大阻尼；在高频、小振幅的激励下具有小刚度。可根据实际和成本情况决定采用一个液压悬置还是采用多个液压悬置。液力悬置常用于发动机左右悬置。

二、悬置系统术语

1. 质心

质量中心简称质心，指物质系统上被认为质量集中于此的一个假想点。

2. 转动惯量

转动惯量，又称惯性矩，是指面积或刚体质量与一轴线位置相关联的量，是面积微元或组成刚体的质量微元到某一指定轴线距离的二次方的乘积之积分。转动惯量可通过式（11－1）求得。

$$J = \sum m_i \times r_i^2 \tag{11-1}$$

式中：m_i——刚体的某个质点的质量，kg；

r_i——该质点到转轴的垂直距离，m。

3. 刚度

刚度是作用在弹性元件上的力或力矩的增量与相应的位移或角位移的增量之比。

静载荷下抵抗变形的能力称为静刚度；动载荷下抵抗变形的能力称为动刚度，即引起单位振幅所需要的动态力。

对于橡胶等黏弹性体减振元件，其动刚度是描述减振性能的关键指标。这时往往使用复数形式的动刚度。在此情况下，复数动刚度等于复数力（频率的函数）与复数的位移（频率的函数）的比值。该复数动刚度的实部即静刚度（频率为 0 时的动刚度），虚部体现了阻尼效应。虚部除以实部的商的反正切称为损耗角。

4. 阻尼

阻尼是指任何振动系统在振动中，由于外界作用和（或）系统本身固有的原因引起的振动幅度逐渐下降的特性，以及此特性的量化表征。

5. 固有频率

固有频率是由系统本身的质量和刚度所决定的频率，其关系如式（11－2）所示。

$$f_n = \frac{1}{2\pi}\sqrt{\frac{K}{m_s}} \tag{11-2}$$

式中：f_n——固有频率，Hz；

K——系统刚度，N/rad；

m_s——系统质量，kg。

6. 解耦

首先要明确“耦合”的物理概念，耦合是指两个或两个以上的体系或两种运动形式间通过相互作用而彼此影响以至联合起来的现象。使耦合分离称为解耦。解耦的目的是使各个自由度上（即各振动模态）的振动相对独立或分离，这样可对隔振效果不佳的自由度独立采取措施而不影响其他自由度方向上的有关性能。当各自由度独立后，可能产生共振的频率比存在耦合时要小，特别在激振能量大的方向上要保证解耦。

三、悬置系统的功能作用

动力总成悬置系统的功能作用如下：

（1）支承作用。悬置系统是动力总成与车架之间的连接部分，因此动力总成的全部质量将由悬置系统支承，这就要求悬置系统有足够的刚度。为了防止悬置系统因承受过大重量而发生形变甚至损坏，设计中应该将动力总成的重量尽可能平均地分布到各个悬置上。

（2）限位作用。汽车行驶或发动机工作时会使动力总成受到各个方向的冲击而使其产生一定的转动或位移。而发动机舱的空间往往是紧凑而有限的，为了不使动力总成的位移对其他相邻零部件产生运动干涉或者碰撞，就必须使悬置系统有足够的刚度来限制其位移，将其控制在合理范围之内。

（3）隔振作用。为防止汽车行驶中所受到的路面振动传到动力总成以及动力总成的振动传到车架或车身而引起共振，悬置系统需要能隔绝这些振动的双向传导。

从隔振角度来说，希望悬置越软越好，以期达到更好的隔离效果；但从支承和限位角度考虑，由于空间结构排列紧凑且空间有限，又希望悬置越硬越好，最好能将发动机固定不动。可见这两者是相互矛盾的，这就使得设计中如何选取悬置系统的刚度变得极为重要。同时，悬置系统还需要有一定的阻尼以迅速衰减所产生的振动，这是动力总成悬置系统设计中所要考虑的要求。

第二节　悬置系统隔振机理

一、悬置系统的激振源

作用于发动机悬置系统的主要激振源有：

（1）发动机起动及熄火停转时的摇动；

（2）怠速运转时的抖动；

（3）发动机高速运转时的振动；

（4）路面冲击所引起的车体振动；

（5）大转矩时的摇动；

（6）汽车起步或变速时转矩变化所引起的冲击；

（7）过大错位所引起的干涉和破损。

二、悬置系统的激振频率

1. 振动源

作用在发动机悬置上的振动频率十分广泛。按振动频率可以把振动分为高频振动和低频振动。

（1）频率低于 30Hz 的低频振动源

① 发动机低速运转时的转矩波动；

② 在发动机低速运转时由于惯性力及其力偶使动力总成产生的振动；

③ 轮胎旋转时由于轮胎动平衡有问题使车身产生的振动；

④ 路面不平使车身产生的振动；

⑤ 由于传动系的联轴器工作不佳产生附加力偶和推力，使动力装置产生的振动。

（2）频率高于 30Hz 的高频振动源

① 在发动机高速运转时，由于惯性力及其力偶使动力总成产生的

振动；

② 变速时产生的振动；

③ 燃烧压力脉动使机体产生的振动；

④ 发动机配气机构产生的振动；

⑤ 曲轴的弯曲振动和扭振；

⑥ 动力总成的弯曲振动和扭振；

⑦ 传动轴不平衡产生的振动。

总之，使发动机总成产生振动的主要振源概括起来有两类：一为内振源，主要是由于燃烧脉动、活塞和连杆的运动产生的不平衡力和力矩。二为外振源，主要来源于不平的道路或传动系。这两种振源几乎总是同时作用，使发动机处于复杂的振动状态。

2. 燃烧激振频率

燃烧激振是由发动机气缸内混合气燃烧，曲轴输出脉冲转矩，由于转矩周期性地发生变化，导致发动机上反作用转矩（又称倾覆力矩）的波动。这种波动使发动机产生周期性的扭转振动，其振动频率实际上就是发动机的发火频率，其计算公式如式（11-3）所示。

$$f_1=\frac{2\times i\times n}{60\times \tau} \tag{11-3}$$

式中：f_1——点火干扰频率，Hz；

τ——发动机冲程数；一般为 2 或 4；

i——发动机气缸数；

n——曲轴转速，r/min。

3. 惯性力激振频率

由不平衡的旋转质量和往复运动的质量所引起的惯性激振力和力矩的激振频率，其计算公式如式（11-4）所示。

$$f_2=\frac{Q\times n}{60} \tag{11-4}$$

式中：f_2——惯性力激振频率；

Q——比例系数（一级不平衡力或力矩 $Q=1$，二级不平衡力或力矩 $Q=2$）。

不平衡惯性力的激振频率与发动机的缸数无关，但惯性力的不平衡量与发动机缸数和结构特征有着密切的关系。

关于外振源，归根结底是路面的激励，它通过车轮、驱动系统、转向系统及车架等传递到动力总成，所以在选择悬置系统的固有频率时，需要考虑到车辆与发动机连接部分的共振频率。

因此，悬置系统特性的选择首先要隔离发动机自身的振动，即不让发动机不平衡力造成的振动过分地传向车体。这就要求悬置系统的固有频率要低于发动机怠速工况下激振频率的 0.7 倍。车体结构振动的降低，十分有利于降低结构振动造成的噪声。目前汽车发动机的悬置软垫都相当软，发动机的固有频率大多处在 6～20Hz 的范围内。如此低的频率，当汽车以正常车速行驶时，刚好处于不平道路的低频激励阶段，这就带来了路面激励下发动机的晃动问题。在低频段内，发动机的固有频率与整车特性匹配不当时，路面激励所造成的发动机晃动可能引起汽车乘坐舒适性下降，也可能影响到汽车的操作性。

第三节　悬置系统设计

一、悬置点的数量

悬置点的数量根据动力总成的长度、质量、用途和安装方式等决定。悬置系统可以有三点、四点、五点悬置。

一般在汽车上采用三点及四点悬置系统。因为在振动比较大时，如果悬置点的数目增多，当车架变形时，有的悬置点会发生错位，使发动机或悬置支架受力过大而造成损坏。

三点式悬置与车架的顺从性最好，因为三点决定一个平面，不受车架变形的影响，而且固有频率低，抗扭转振动的效果好。值得推荐的是前悬置采用两点左、右斜置，后端一点紧靠主惯性轴的布置方案。这种布置具有较好的隔振功能，在四缸机上得到广泛应用。而前一点、后两点的三点式多用于六缸机。

四点式悬置的稳定性好、能克服较大的转矩反作用力，不过扭转刚度较大，不利于隔离低频振动。但经过合理设计，仍可满足四缸机的要求，更能满足六缸机的要求。四点式悬置在六缸机上的使用最为普遍。

在重型汽车上，因为其动力总成质量和长度大，为了避免发动机机体后端面与飞轮壳接合面上产生过大的弯矩，一般在变速器上增加一个辅助支点，从而形成五点式悬置。由于该支点距动力总成的质心最远，又是过定位点，因此辅助支点刚度不能太大，以避免因车架变形而损坏变速器或悬置支架。

二、悬置点的布置

动力总成一般有三个弯曲模态，如果把前悬置点布置在节点上，使得弯曲模态在节点上不能被激发，则可将车架与发动机引起的弯曲振动激振力相隔离，发动机的垂直振动不至于传到车架上。通常应尽可能将前悬置点布置在动力总成一弯模态的一个节点上，以减小振动传递。

出于解耦的考虑，应根据撞击中心理论将后悬置布置在前悬置点的共轭点上，使前后悬置点的冲击不至于相互影响，从而达到良好的隔振效果，如式（11-5）所示。

$$L_F \times L_R = \frac{J_Y}{m_{Pow}} \tag{11-5}$$

式中：L_F——前悬置点离动力总成质心 G 的纵向距离，m；

L_R——后悬置点离动力总成质心 G 的纵向距离，m；

J_Y——动力总成绕 Y 轴的转动惯量，$kg \cdot m^2$；

m_{Pow}——发动机一变速器动力总成的质量，kg。

前后悬置的刚度还要根据承载量及到质心的距离合理地匹配，达到垂直及俯仰方向上的解耦，如式（11-6）所示。

$$K_{FV} \times L_F = K_{RV} \times L_R \tag{11-6}$$

式中：K_{FV}——前悬置的垂直刚度，N/cm；

K_{RV}——后悬置的垂直刚度，N/cm。

悬置点如为一点，则尽可能靠近动力总成的最小惯性轴；如为两点，出于解耦的目的，最好是呈 V 形布置，一般倾斜角度 θ 取 40°～45°。

V 形布置的悬置系统的弹性中心较低，在设计中通过倾角及位置的调整容易使其弹性中心落在或接近动力总成的主惯性轴上。如果假设悬置软垫在两个剪切方向上的刚度近似相等，则有公式（11－7）、公式（11－8）、公式（11－9）和公式（11－10）。

$$K_V = 2\times(K_p\sin2\theta + K_s\cos2\theta) \tag{11-7}$$

$$K_L = 2\times(K_p\cos2\theta + K_s\sin2\theta) \tag{11-8}$$

$$K_\theta = 2\times B\times\frac{2\times K_p\times K_s}{K_p\cos2\theta + K_s\sin2\theta} \tag{11-9}$$

$$\theta - \alpha = \arctan\left(\frac{\tan\theta}{K_0}\right) \tag{11-10}$$

式中：K_V——悬置的垂直刚度，N/cm；

K_L——悬置的侧向刚度，N/cm；

K_θ——悬置的扭转刚度，N/cm；

K_p——悬置软垫的压缩刚度，N/cm；

K_s——悬置软垫的剪切刚度，N/cm；

K_0——悬置软垫的压缩刚度与剪切刚度之比，即 $K_0=K_p/K_s$；

A——弹性中心高度，cm；

B——软垫支点到半水平距，cm；

θ——悬置软垫的安装倾斜角，°；

α——弹性中心到支点的连线的仰角，°。

在实际设计中还有许多其他的布置形式，如非对称的 V 形布置、平置、吊挂式等。

轿车发动机一般采用四缸四冲程发动机，发动机前置、横置、前轮驱动，即 FF 式布置。FF 驱动方式下驱功反力矩直接作用于动力总成上，使发动机悬置受到较大的力。因此，为限制发动机及排气系统的位移，发动机悬置要有必要的刚度。另一方面，为了减小怠速及中高速区域的振动噪声，要求发动悬置具有较好的柔性，达到良好的隔振性能。作用于发动机悬置上的驱动反力矩，在 FR 式场合，就是动力总成输出最大转矩时所产生的最大反作用力矩，即倾覆力矩，它等于发动机最大转矩乘以变速器最大减速比。这一倾覆力矩主要由后悬置来承担，力矩方向与发动机旋转方向相反。因此在后悬置一侧的软垫上将产生很大的额外压缩负荷。但在 FF

式的车辆上，则为差速器（驱动轴）的输出转矩。因此FF式的驱动反力矩为FR式的3～4倍。

此外，在主要采用横置发动机的轿车上，差速器的驱动反力矩与发动机转矩波动的激振方向一致，并和车身弯曲的方向相同，因此横置发动机的悬置布置有以下特点：

(1) 因降低发动机的扭转刚度应有一定的难度，很难确保对发动机转矩波动激振的隔离；

(2) 因为车身弯曲共振频率接近于发动机扭转振动频率域，且振动方向一致，所以容易发生低速时的振动；

(3) 发动机、变速器及差速器成为一体，所以瞬态变化剧烈。

根据上述特点，悬置设计大体分为低速区域的转矩波动激振及中高速区的惯性激振两部分。悬置系统一般采用四点支承，其中一点为辅助点。在设计上尽可能减小振动的耦合度，采用非线性、变刚度的悬置软垫，提高低转矩时的隔振效率，减小大转矩时的振动位移。

三、悬置软垫的选择

为满足汽车各种用途和特性需要，悬置软垫的品种很多，形状各异，承载能力也有较大差别。

悬置软垫的性能主要包括两个方面：一是弹性指标，用刚度 K 表示，刚度＝负荷/变形。在进行悬置系统隔振性能计算时，软垫刚度是不可缺少的参数。二是强度指标，为了保证软垫的可靠性和耐久性，软垫的工作负荷和变形必须控制在允许的强度范围内。

这两方面的指标与悬置软垫的结构尺寸、形状、受力形式及橡胶品种等都有密切关系。

刚度和强度参数虽可简单估算，但准确的数据必须通过试验测定。国外软垫制造厂通常都能提供各自产品的试验数据和相关资料，以供用户选择，或为用户开发新的悬置软垫。因此，要设计出好的悬置系统，往往需要与软垫制造厂进行密切合作。

1. 悬置软垫的负荷

通常前悬置位于发动机机体前端或机体前部两侧，与后悬置相比，远离动力总成的质心。因此动力总成的垂直静负荷主要由后悬置承担，而前悬置主要承受扭转负荷。对后悬置来说，距离动力总成的主惯性轴较近，承受较小的扭转负荷及振幅。同时，由于它处于发动机动力输出端，受传动系不平衡力的严重干扰和外部轴向推力的冲击，当发动机输出最大转矩时，支承点出现的最大反作用力也应由后悬挂来承担。所以后悬置的垂直刚度较大，也起着限制动力总成前后位移的作用。悬置系统同样还承受了汽车行驶在平整道路上的颠簸、冲击、汽车制动及转向时所产生的动负荷。

2. 悬置软垫的机构形式

在设计发动机悬置时，必须根据悬置的使用目的（例如支承的质量和限制的位移等），选择合理的形状。悬置的基本形式有三种，即压缩式、剪切式和倾斜式。通常采用倾斜式的悬置结构，利用这种悬置的弹性特性，支点设定可以获得较大的自由度。

3. 悬置软垫的限位

动力总成的位移如果过大，会使动力总成本身与进排气系统、操纵机构管路、接线等和周围的机件相碰，产生损伤，同时悬置软垫也容易损坏，因此必须从悬置结构上限制过大位移。

（1）增加位移较大的方向上的悬置刚度。例如，在汽车加速行驶或转弯行驶时，动力装置产生的惯性力可能使动力装置产生较大的位移，为了限制动力装置的位移，应该在前后、左右方向上设置较硬的悬置，防止动力装置出现过大的位移。

（2）采用非线性、变刚度的悬置结构，以减小激振力引发的振动和限制大激振力时大的振动位移。例如，在发动机怠速运转或汽车等速行驶时，发动机的输出转矩较小，这时，悬置软垫的刚度较低，能有效地隔离振动。在快速起步时，驱动转矩的反力十分大，可能使动力装置产生左右横滚的振动；此外，汽车在不平整路面上行驶时，随着整车的大幅度上下颠动，动力总成也产生很大的上下惯性力。由于这时悬置软垫的刚度变大，也能有效地限制动力装置的振动和位移。

4. 悬置软垫的可靠性

悬置软垫在工作时所承受的力来自以下四个方面。

（1）静态负荷：即单个软垫上所承受的额定负荷，它是选择悬置软垫的基本参数和依据。

(2) 动态负荷：指由于道路颠簸引起的动态负荷和瞬时冲击负荷。

根据不同使用条件，在垂直方向上有时可产生$\pm 4G$至$\pm 6G$的重力加速度（向下时，由于动力总成自重，需再叠加$1G$）。换言之，车辆跳动时，软垫可能要承受4～6倍静态负荷的冲击力。

不同使用工况下可能出现的冲击加速度值如表11-2所列。

表11-2　常用车辆冲击加速度一览表

应用形式	垂直加速度
公路用车辆	$\pm 4G$
越野车辆	$\pm 6G$
发电机组	$\pm 2G$
船用（包括辅助设备）	$\pm 6G$
叉车	$\pm 3G$

为了克服动态和冲击负荷，在载重车的悬置底座下部必须采用缓冲软垫和大的回跳压紧垫圈。这样不但可减轻冲击，也可保护底座，以免在严重冲击下造成损坏。

(3) 动力输出时产生的反作用力矩：指发动机一变速箱总成输出最大扭矩时所产生的最大反作用力矩，即倾覆力矩。

这一倾覆力矩主要由后悬置来承担，力矩方向与发动机旋转方向相反。因此在后悬置一侧的软垫上将产生很大的额外压缩负荷。

(4) 侧向、纵向惯性力和外界作用力：悬置软垫除了承受垂直方向的作用力外，还必须克服侧向、纵向惯性力和外界作用力。

例如，车辆急转弯时的侧向离心力、车辆行驶中急刹车时的向前冲击力（可产生$1G$的负加速度）、船用发动机靠岸时的冲击力、车辆行驶时操纵离合器的轴向推力、后桥跳动时传动轴花键滑套的轴向推力等都会使发动机产生侧向或纵向的位移，尤其是前后方向的轴向推力，其影响更大。

为此，进行悬置系统设计时，必须要考虑软垫承受各方向外力的能力，必要时应采取限位措施，防止软垫在这些外力的作用下产生过大的变形和位移，否则易造成悬置软垫的早期损坏。

常见的限位方法是在软垫的金属骨架上设计翻边，在变形过大时，可使金属骨架之间产生接触，限制橡胶的进一步变形。软垫中镶嵌的套管也有一定的限位作用。而轴套式悬置软垫的限位功能是显而易见的。悬置软垫常见的失效形式如下：

① 疲劳破坏。橡胶材料在循环变应力的作用下可能出现疲劳破坏，设计时应注意橡胶的许用应力和许用变形。

② 老化。悬置软垫在使用中，不可避免地会受到高温、臭氧和紫外线等的作用，造成悬置软垫的抗拉强度、力学性能下降，并产生裂纹。因此，在悬置设计中应使悬置软垫远离热源或与其隔离。

③ 永久变形。悬置软垫在使用中反复地变形，或受热等因素影响下，橡胶将产生永久变形，使橡胶的尺寸发生变化。

④ 粘接面的剥离。一般设计中要求橡胶与金属骨架的粘接强度高于3MPa，但由于产品质量问题或软垫在高温环境下长期使用后，粘接面的粘接强度下降并引起剥离而导致损坏。

5. 悬置软垫橡胶的材料

在设计中应根据使用要求选择符合要求的橡胶材料。目前主要采用混合橡胶，它以天然橡胶为主料，添加了部分丁苯橡胶。有的悬置也采用了丁腈橡胶。目前采用的减振橡胶材料有一般的加硫橡胶，如 NR（天然橡胶），SBR（丁苯橡胶），BR（丁二烯橡胶），IR（异戊橡胶）；特殊的耐油加硫橡胶，如 NBR（丁腈橡胶）；特殊耐候（轻度耐油）橡胶，如 CR（氯丁二烯橡胶）；阻尼力较大的橡胶，如 IIR（丁基橡胶）；特别耐热的加硫橡胶，如 EPDM（乙丙烯橡胶）。

6. 悬置软垫的阻尼

根据悬置系统的幅频响应特性，当动力总成在低频振动时，为了减小振动的振幅，应采用阻尼因数较大的软垫，此时阻尼越大，振动响应越小。其中，最典型的例子是冲击。而当动力总成作 30Hz 以上的高频振动时，由于激振力的频率较高，可以不必考虑动力总成悬置系统的共振问题。为了降低动力总成的振动对整车的影响，切断高频振动的传递，应该使振动系的阻尼越小越好。此时阻尼越小，振动响应越小。

四、悬置系统的解耦

（1）悬置系统解耦的目的

当弹性支承的刚体在一个自由度上的自由振动独立于另一个自由度上的自由振动时，我们说这两个自由度的振动是解耦的。发动机悬置系统实际上具有六个自由度，并且是互为耦合的。耦合的作用使发动机振动互相激励而加大，振动频率范围变宽。这样要想达到同解耦时相同的隔振效果，就需要更软的悬置软垫，这就使得动力总成与周围零件之间有较大的相对位移，造成风扇与护风罩相碰或与其他部件之间相互产生振动干扰，给整车布置造成困难。软垫的较大位移，将使橡胶内应变增大而影响其使用寿命。

另外，由于各自由度振动的互为耦合，很难对某个产生共振的自由度上的频率进行个别改进而不影响其他自由度上的隔振性能。

（2）悬置系统弹性中心

作用于被支承物体上的一个任意方向的外力，如果通过弹性支承系统的弹性中心，则被支承物只会发生平移运动，而不会产生转动。反之，被支承物体在产生平移运动的同时，还会产生转动，即两个自由度上产生运动耦合。

同样，如果一个外力矩绕弹性中心主轴线作用于被支承物体上，该物体只会产生转动而不会产生平移运动。反之，物体在产生转动的同时，还会产生平移运动，同样出现两个自由度上的运动耦合。

弹性中心是由弹性元件的刚度和几何布置决定的，与被支承物体的质量无关。它对弹性系统而言，犹如质心之于刚体。如果刚体质心与支承系统的弹性中心重合，则振动将大为简化。

理论上，如果使发动机悬置系统的弹性中心同发动机总成的质心重合，就可获得所有六个自由度上的振动解耦。实际上完全解耦在悬置设计中是难以实现的，因为发动机的主要激振力只有垂直和扭转两种，而悬置设计中存在较多的约束。因此只要在几个主要方向上获得近似解耦就行了。

五、乘用车悬置典型结构及性能特点

目前，乘用车悬置主要是用天然橡胶与金属硫化制造，常用的刚度范围为 100～250N/mm，结构和特点如表 11－3 所列。

表 11－3 乘用车常用悬置结构和特点

序号	图 样	结构特点
1		最为普遍的圆形橡胶悬置，成一定角度的主橡胶确定悬置刚度曲线的第Ⅰ段值，保证振动方面的要求；置于外壁上的橡胶突起与金属内芯配合确定刚度曲线第Ⅱ段值，保证位移控制的要求。悬置的形状可以多变。通常这类悬置用四点悬置的前、后、左位置，但根据具体位置和安装方向不同，细部结构又有所区别。
2	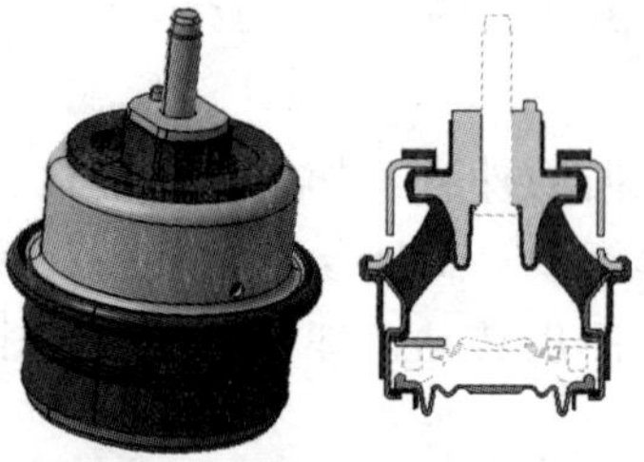	内部充液的液压悬置，环形主簧确定悬置刚度曲线的第Ⅰ段值，金属内芯与护罩配合保证位移控制的要求。内部结构可提供大阻尼及较小的高频动刚度。通常这类悬置用发动机侧悬置。
3	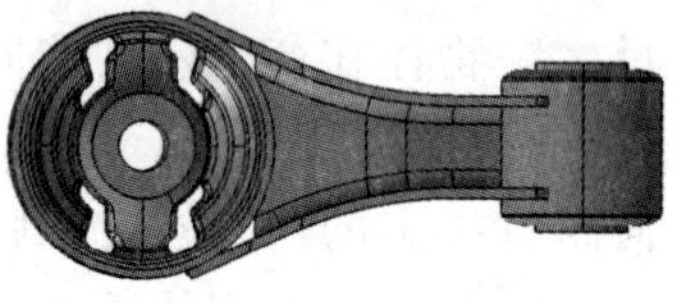	典型的三点悬置的后拉杆形式，由大小两个橡胶衬套组成。整车上安装的方向通常是，可在两衬套的连线方向提供约束作用，而在其他方向几乎没有约束。通常这类悬置作为三点悬置的后悬置。

六、液压悬置

只使用橡胶软垫，很难产生很大的振动阻尼。为了改善冲击等过大的振动，悬置必须具有很大的阻尼力，这就是液压式悬置，它同样可降低高频时的悬置刚度，提高减振、降噪效果。

1. 液压悬置的构造

用一个中心螺栓将一个普通的锥形橡胶悬置垫固定在顶部，与隔板一起构成上腔，下腔由一个弹性皱皮膜和隔板构成，皱皮膜由一个固定盖保护，固定盖与皱皮膜构成与大气相通的气室，隔板上开有一个活动板。同时隔板上开有小孔，阻尼缓冲液可由隔板上的小孔，经上腔流到下腔。

2. 液压悬置的工作原理

当发动机高频小幅振动时，上腔内压没有上升，这样可得到较小的悬置刚度以减小振动。当发动机低频大幅振动时，活动板的动作受到限制、上腔压力升高，流体通过阻尼孔流入下腔，利用流体的流动阻力，产生很大的阻尼力，从而使振动得到很大的衰减。在设计液压式悬置时，可以改变某些参数，自由地设定共振频率，例如改变液压悬置的动态参数、节流孔的口径和孔长等，这样，利用液体的共振现象，就能实现任意的动态弹性特性。有的液压式悬置还设有高频节流孔等附加机件，能改善 240Hz 以下的动态弹性特性。

七、悬置系统的设计步骤

（1）确定动力总成的总质量，包括内部注满的机油和冷却液。

（2）确定动力总成的质心位置。

（3）确定动力总成主惯性轴的位置。

（4）测出或估算出动力总成绕三个主惯性轴的转动惯量。

（5）设定动力总成前后悬置支承点的数目、布置形式、各支承点离质心和主惯性轴的位置及相应的几何尺寸，并结合解耦原理做必要的分析计算。

（6）分别计算前、后悬置支承点上承受的静态负荷。

（7）计算发动机机体后端面与飞轮壳接合面上的静态弯矩，该弯矩值必须在发动机制造商规定的范围内；否则，应调整前、后悬置支承点的位置或增加尾部辅助支承点，使该处的弯矩值控制在限值内。

（8）计算发动机、变速器总成在悬置软垫上可能引起的最大转矩反作用力。可用两种计算标准：一是发动机输出最大转矩时，二是发动机在额定功率点时（包括最大变速比）。然后根据软垫制造商提供的软垫“负荷-变形”曲线，核对所选择的软垫是否能承受这一作用力及软垫的最大变形量是否在合理的范围内。

(9) 按实际应用情况，确定动态负荷冲击加速度的数值。

(10) 设计悬置支架，按动态负荷计算进行强度校核。若发动机制造商没有提出机体后端面与飞轮壳接合部位的静态弯矩限值，则应按动态负荷计算该部位的弯矩和工作应力，保证该薄弱环节安全可靠。

(11) 选择合适的悬置软垫，应能承受上述动态负荷，并满足隔振要求，确定软垫的刚度。

(12) 根据所选择的软垫的压缩和剪切刚度及系统布置形式，分别计算前、后悬置的垂直综合刚度，侧向综合刚度和扭转综合刚度及相应的固有频率（如果是平置式布置，则系统的垂直方向固有频率和隔振效率可从软垫制造商提供的坐标图上根据静态变形量确定）。

(13) 确定发动机的外激振频率。

(14) 通过软垫制造商提供的坐标图，按照软垫的静态压缩量以及外激振额率，确定悬置系统的隔振效率。

(15) 检查悬置系统是否具备克服其他外力和惯性力的能力，必要时应设置限位装置。

(16) 选择能满足工作环境条件需要的悬置软垫的材料。

(17) 校核悬置系统的结构布置能否适应整车提供的空间，确保不与周围零部件发生干涉。

(18) 试验验证。

第四节　悬置系统匹配设计参数表

悬置系统匹配参数表定义了发动机与整车连接悬置部分的参数和接口形式，为整车悬置系统匹配设计提供参数输入。悬置系统直接影响整车NVH性能，对整车品质有较大影响。

一、发动机悬置系统设计参数

悬置系统主要由整车设计，但需要发动机提供质心、转动惯量及安装孔位关系等信息。此部分参数由发动机设计部门定义，具体参数如表11-4所列。

表 11－4　发动机悬置系统设计参数表

序号	项　目		参　数
1	发动机是否带悬置刚性支架		
2	发动机是否带软垫		
3	左悬置安装孔位关系及规格		
4	右悬置安装孔位关系及规格		
5	质心位置坐标（mm）	X	
6		Y	
7		Z	
8	转动惯量（kg·m²）	I_{XX}	
9		I_{YY}	
10		I_{ZZ}	
11	惯量积（kg·m²）	I_{XY}	
12		I_{YZ}	
13		I_{ZX}	
14	坐标系定义		如图 11－4 所示
15	发动机飞轮壳后断面允许最大弯矩值		
16	主惯性轴位置		

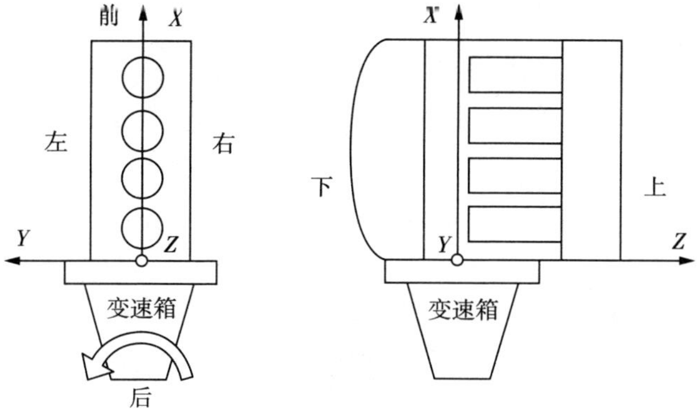

图 11－4　坐标系定义示意图

二、整车悬置系统设计参数

整车在得到发动机部分参数输入后进行悬置系统设计，与发动机相关的是动力总成支撑形式。此部分参数由整车设计部门定义，具体参数如表11－5所列。

表11－5　整车悬置系统设计参数表

序号	项　目	参　数
1	动力总成支撑形式	
2	悬置正向设计输入参数	

第十二章　传动系统匹配设计

第一节　传动系统结构和功能

汽车发动机与驱动车轮之间的动力传递装置称为汽车的传动系。它应保证汽车具有在各种形式条件下所必需的牵引力、车速以及它们之间的协调变化等功能，使汽车有良好的动力性和燃油经济性。传动系是一个多质量的弹性扭转振动系统，其载荷随汽车使用工况的不同而异，为使传动系符合整车的使用寿命，可按最大负荷验算零部件强度，按实测载荷谱进行疲劳设计和程序模拟随机加载的台架试验，并在整车道路试验和使用试验中考核其可靠性、耐久性、使用和维修保养方便性，以及其他各项性能。汽车传动系是位于发动机和驱动车轮之间的动力传动装置，其基本功用是将发动机发出的动力传给驱动车轮。

一、传动系统的组成

汽车传动系统的组成及其在汽车上的布置形式，取决于发动机的形式和性能、汽车总体结构形式、汽车形式系统及传动系统本身的结构形式等许多因素。目前广泛应用于普通双轴货车上，并与活塞式内燃机配用的机械式传动系统的组成及布置形式为：发动机纵向安装在汽车前部，并且以后车轮为驱动轮。对于纵置布置形式汽车，发动机发出的动力依次经过离合器、变速器、由万向节和传动轴组成的万向传动装置以及安装在驱动桥中的主减速器、差速器和半轴，最后传动到驱动车轮。目前，轿车上广泛应用的机械传动系统的组成及布置形式为：发动机横向安装在汽车前部，以前车轮为驱动轮。对于横置布置形式汽车，发动机发出的动力依次经过离合器、变速箱、差速器和半轴，最后传动到驱动车轮。相对纵置布置形式，横置布置形式的动力传递路径更短。

二、传动系统功能

传动系统的首要任务是与发动机协同工作，以保证汽车在各种行驶条件下正常行驶所必需的驱动力与车速，并使汽车具有良好的动力性和燃油经济性。因此，任何形式的传动系统都必须具备以下功能：

（1）实现减速增矩。只有当作用在驱动轮上的驱动力足以克服外界对汽车的阻力时，汽车方能起步并正常行驶。由试验得知，即使汽车在平直的沥青路面上以低速匀速行驶，也需要克服数值相当于1.5%汽车总重力的滚动阻力。汽车发动机发出的扭矩，若直接传给驱动轮，并不足以驱动汽车行驶，更无法驱动汽车爬坡。另一方面，发动机最大功率时对应的额定转速相对较高，若将发动机与驱动车轮直接连接，在发动机额定转速下对应的汽车速度将达到非常高的数值，远远超出正常使用时需要的车速。因此，必须使传动系统具有减速增矩的作用，即让驱动轮的转速降低为发动机转速的若干分之一，相应的驱动轮所得到的转矩则增大到发动机转矩的若干倍。

（2）实现汽车变速。在发动机整个转速范围内，转矩的变化不大，而功率及燃油消耗率的变化却很大，因而保证发动机功率较大而燃油消耗率较低的曲轴转速范围，即有利转速范围是很窄的。为了使发动机能保持在有利转速范围内工作，而汽车驱动力和速度又在足够大的范围内变化，应当使传动系统传动比在最大值和最小值之间变化，即传动系统应起变速作用。

（3）实现汽车倒驶。汽车在某些情况下，需要倒向行驶。然而，发动机是不能反向旋转的，与发动机共同工作的传动系统必须在发动机旋转方向不变的情况下，使驱动轮反响旋转。一般结构措施是在变速箱内加设具有中间减速齿轮副的倒挡机构。

（4）必要时中断传动系统的动力传递。发动机只能在无负荷情况下起动，而且起动后的转速必须保持在最低稳定转速之上，否则可能熄火。所以，在汽车起步之前，必须将发动机到驱动轮的动力传递路径切断，以便起动发动机。此外，在换挡和对汽车进行制动之前，也都有必要暂时中断动力传递。为此，在发动机与变速箱之间需要安装离合器，离合器是靠摩擦来传递动力，且其主动和从动部分在驾驶员操纵下可彻底分离，也可柔和地结合在一起。

（5）应使两侧驱动车轮具有差速作用。当汽车转弯时，左右两侧车轮在相同的时间内滚过的距离是不同的，如果两侧驱动轮用一根刚性轴驱动，则两者角速度必然相同，因而在汽车转弯时必然产生车轮相对于地面的滑动现象。这将使得转向困难，汽车的动力消耗增加，传动系统内某些零件和轮胎加速磨损。所以需要在传动系统中安装差速器，使左右两个驱动轮可以以不同的角速度旋转。动力由主减速器先传到差速器，再由差速器分配给左右两个半轴，最后传递到左右两侧车轮，驱动汽车前进。

三、传动系统布置设计

1. 布置方式

（1）发动机前置后轮驱动（FR）

发动机前置后轮驱动方案示意图如图 12－1 所示。该方案主要用于货车、部分客车，大型和很多中型轿车也采用这种方式。这种方式重心位置合理，驱动与附着可靠，操纵机构简单，但由于传动轴的存在，又避免由于过于抬高底板的高度使中心高度增加，经常将地板中央凸起，导致后排中间座位乘坐不舒服。但这种方式仍然是一种很好的驱动方式，在工程中广泛应用，例如 MPV 车型或大型 SUV 以及越野性能要求较高的车型广泛应用前置后轮驱动布置形式。

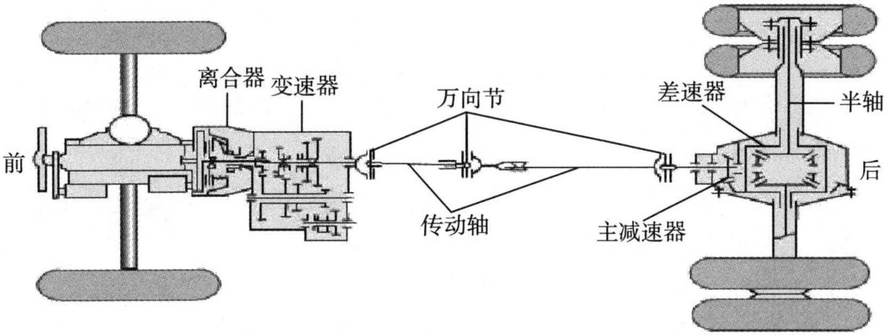

图 12－1　前置后轮驱动布置方案示意图

（2）发动机前置前轮驱动（FF）

该方案主要用于轿车、微型和轻型客车等。该形式结构简单、紧凑。不设传动轴可降低重心和车辆底板高度，有助于提高乘坐舒适性和行驶稳定性。但前轮驱动的汽车在上坡时前轮附着力减少，不能够获得足够的牵引力。发动机前置前轮驱动根据发动机布置形式不同分为横置前驱和纵置前驱两类，具体区别如下：

① 发动机横置

其特点是发动机曲轴轴线与车轮轴线平行，主减速器可以采用圆柱齿轮传动。横置前驱动布置方案如图 12－2 所示。

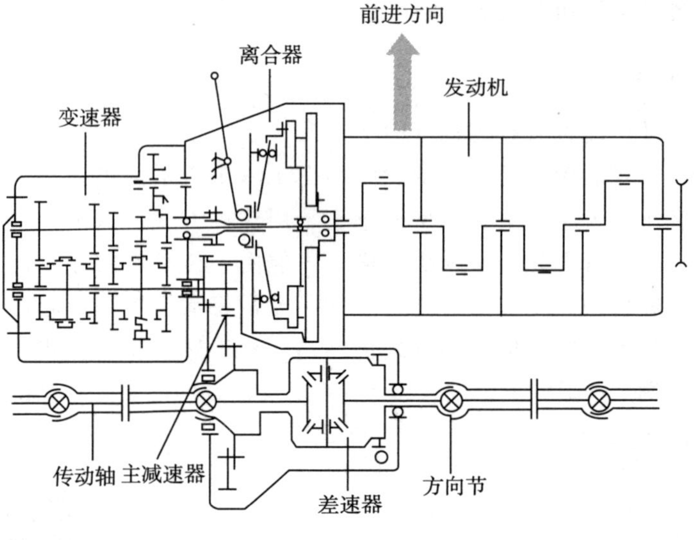

图 12－2　横置前驱动布置方案示意图

② 发动机纵置

其特点是发动机曲轴轴线与车轮轴线垂直，主减速器必须采用圆锥齿轮传动。纵置前驱动布置方案如图 12－3 所示。

（3）发动机后置后轮驱动（RR）

该方案特点是发动机布置在后轮之后，用后轮驱动。该形式主要用于大中型客车和少数跑车。发动机位于后桥后部，不仅散热不好，操纵机构也较复杂，因此该种布置形式应用不够广泛。发动机后置后轮驱动布置方案如图 12－4 所示。

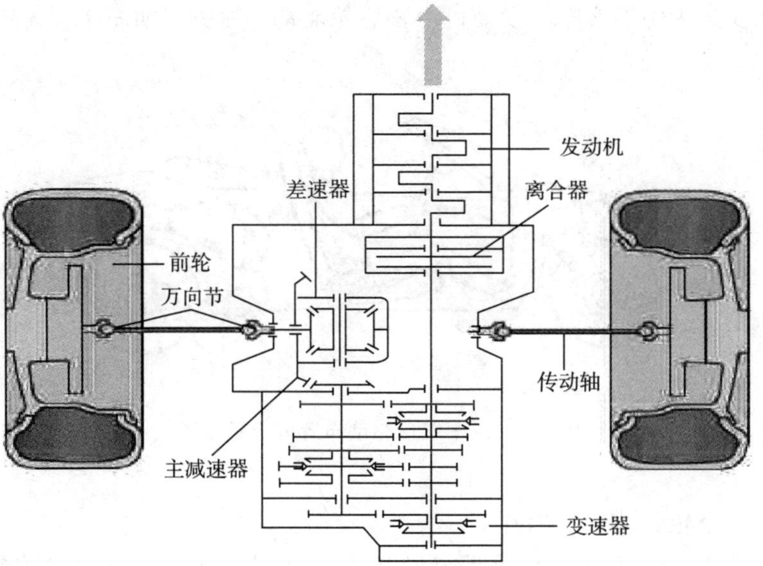

图 12－3 纵置前驱动布置方案示意图

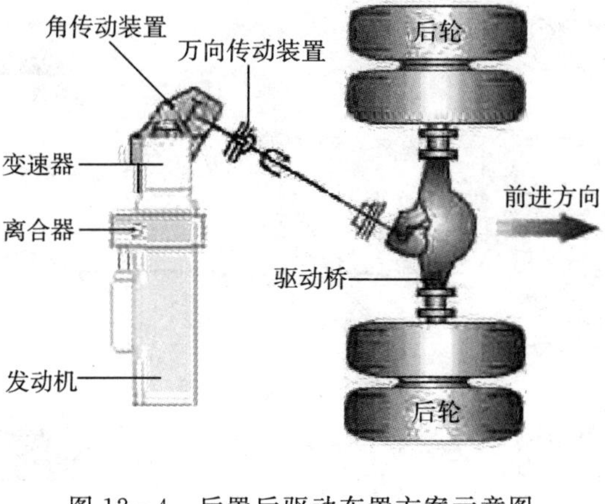

图 12－4 后置后驱动布置方案示意图

(4) 发动机中置后轮驱动(MR)

该方案特点是发动机布置在前后轮之间,用后轮驱动。该方案多用于跑车和少数大中型客车。发动机中置后轮驱动布置方案如图 12-5 所示。

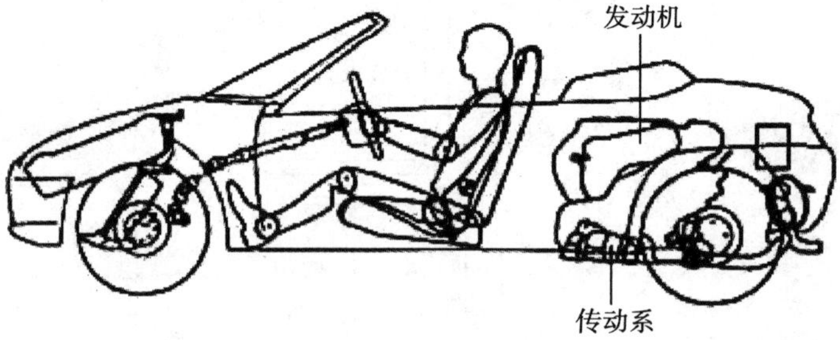

图 12-5 中置后驱动布置方案示意图

(5) 全轮驱动(AWD)

全轮驱动的特点是传动系统增加了分动器,动力可以同时传给前后轮,全轮驱动主要用于越野车和重型货车。发动机前置全轮驱动布置方案如图 12-6 所示。

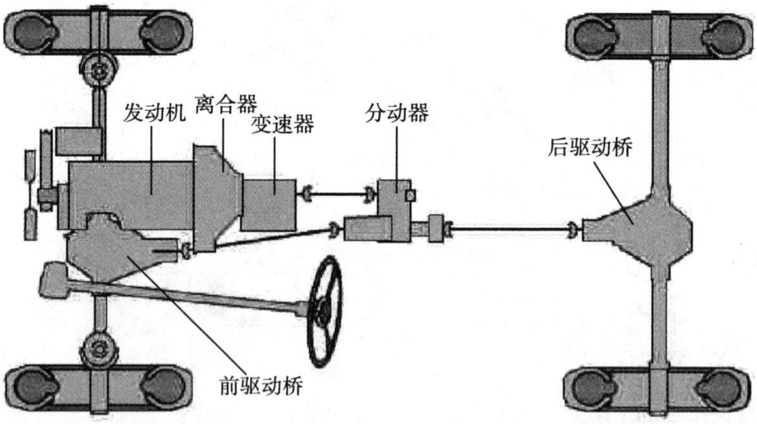

图 12-6 前置全驱动布置方案示意图

2. 接口要求

发动机、离合器及变速箱之间的接口应满足以下要求：

（1）离合器根据整车总质量及用途和发动机传递扭矩等选定尺寸后，发动机飞轮除满足发动机运动件所需的要求外，还应满足离合器安装尺寸的要求。

（2）变速器Ⅰ轴花键的啮合齿形尺寸应该与离合器花键齿形尺寸一致，变速器Ⅰ轴尺寸还应该与安装在曲轴后端中心或安装在飞轮中心的Ⅰ轴轴承尺寸满足配合要求。

（3）飞轮直径过大，变速器壳体不能直接安装在发动机飞轮挡板上时，需要设计飞轮壳用于过渡，以满足装配要求。

（4）发动机、离合器和变速器的轴向配合尺寸应通过校核满足装配和工作要求。

第二节　变速箱匹配设计

一、变速器的功能与类型

1. 变速器的功用

变速器的功用简单概括有以下三点：

（1）改变传动比，从而改变传递给驱动轮的转矩和转速。

（2）利用空挡中断动力的传递。

（3）实现倒车。

2. 变速器的组成

变速器主要由变速传动机构和变速操纵机构两大部分组成。

3. 变速器的类型

按传动比变化方式的不同，变速器可分为有级式、无级式和综合式；按换挡操纵方式的不同，变速器可分为手动操纵式、自动操纵式和半自动操纵式。

二、变速器的基本要求

根据变速器的功能和作用，对变速器提出如下基本要求：

（1）保证汽车有必要的动力性和经济性；

（2）设置倒挡，使汽车能够倒退行驶；

（3）设置空挡，用来切断发动机动力向驱动轮的传输；

（4）设置动力输出装置，需要使其能进行功率输出；

（5）换挡迅速、省力、方便；

（6）工作可靠，汽车行驶过程中，变速器不得有跳挡、乱挡以及换挡冲击等现象发生；

（7）变速箱的工作噪声低；

（8）变速器应当有高的工作效率，确保发动机的动力传递到整车行驶机构，驱动车辆前进。

三、常见的换挡方式

变速器的挡位数可在 3～20 个挡位范围内变化。通常变速器的挡数在 6 挡以下，当挡位数超过 6 挡以后，可在 6 挡以下的主变速器基础上，再配置副变速器，通过两者的组合获得多挡变速器。

增加变速器的挡数，能够改善汽车的动力性和燃油经济性以及平均车速。挡数越多，变速器的结构越复杂，并且使轮廓尺寸和质量加大，同时，操纵机构复杂，而且在使用时换挡频率增高并增加了换挡难度。

在最低挡传动比不变的条件下，增加变速器的挡数会使变速器相邻的低挡与高挡之间的传动比比值减少，使换挡工作容易进行。要求相邻挡位之间的传动比比值在 1.8 以下，该值越小换挡工作越容易进行。因高挡使用频繁，所以又要求高挡区相邻挡位之间的传动比比值要比低挡区相邻挡位之间的传动比比值小。

四、传动比范围

变速器的传动比范围是指变速器最低挡位传动比与最高挡位传动比的比值。最高挡位通常是直接挡，传动比为 1.0；有的变速器最高挡的超速挡，传动比为0.7～0.8。影响最低挡传动比选取的因素有：发动机的最大转速和最低稳定转速所要求的汽车最大爬坡能力、驱动轮与路面间的附着力、主减速比和驱动轮的滚动半径以及所要求达到的最低稳定行驶车速等。目前乘用车的传动比在3.0～4.5之间，总质量较轻的商用车传动比在5.0～8.0之间，其他商用车传动比则更大。

五、中心距

对于中间轴式变速器，将中间轴与第二轴轴线之间的距离称为变速器中心距A；对于两轴式变速器，将变速器输入轴与输出轴之间的距离称为变速器中心距A。中心距是变速器的一个基本参数，其大小不仅对变速器的外形尺寸、体积和重量大小有影响，而且对齿轮的接触强度有影响。中心距越小，齿轮的接触应力越大，齿轮寿命越短。因此，最小允许中心距应当由保证轮齿有必要的接触强度来确定。变速器轴经轴承安装在壳体上，从布置轴承的可能性及不因同一垂直面上的两轴承之间的距离过小而影响壳体的强度来考虑，要求中心距取大一点。此外，受一挡小齿轮齿数不能过小的限制，要求中心距也要大一点。还有，变速器中心距取得过小，会使变速器长度增加，并因此而使轴的刚度被削弱和使齿轮的啮合状态变差。

六、各挡齿轮齿数的分配

在初选中心距、齿轮模数和螺旋角以后，可根据变速器的挡位数、传动比和传动方案来分配各挡齿轮的齿数。应该注意的是，各挡齿轮的齿数比应该尽可能不是整数，以使齿面磨损均匀。

第三节 离合系统匹配设计

一、离合器的功用和工作原理

1. 离合器的功用

(1) 平顺结合动力，保证汽车平稳起步；

(2) 防止传动系统过载;

(3) 临时切断动力,保证换挡时工作平顺;

2. 摩擦离合器的工作原理

摩擦离合器依靠摩擦原理传递发动机动力。当从动盘与飞轮之间有间隙时,飞轮不能带动从动盘旋转,离合器处于分离状态。当压紧力将从动盘压向飞轮后,飞轮表面对从动盘表面的摩擦力带动从动盘旋转,离合器处于结合状态,实现将发动机的动力传递到变速箱进而传递到整车行驶机构的目的。

3. 膜片弹簧离合器的构造

膜片弹簧或分离杆与分离轴承接触的部分通常称为分离指。膜片弹簧只有非线性特征,传递的转矩大且较稳定,分离指刚度低,结构简单且紧凑,高速时平衡性好,散热通风性能好,使用寿命长,所以现在的轿车大部分都是用膜片弹簧离合器。膜片弹簧离合器的安装如图 12 - 7 所示,膜片弹簧离合器结构如图 12 - 8 所示,膜片弹簧离合器分离机构如图 12 - 9 所示。

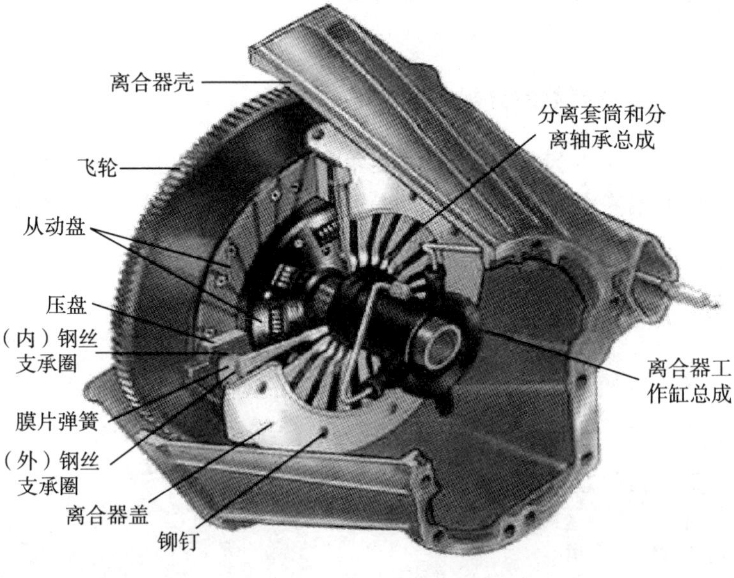

图 12 - 7 膜片弹簧离合器的安装示意图

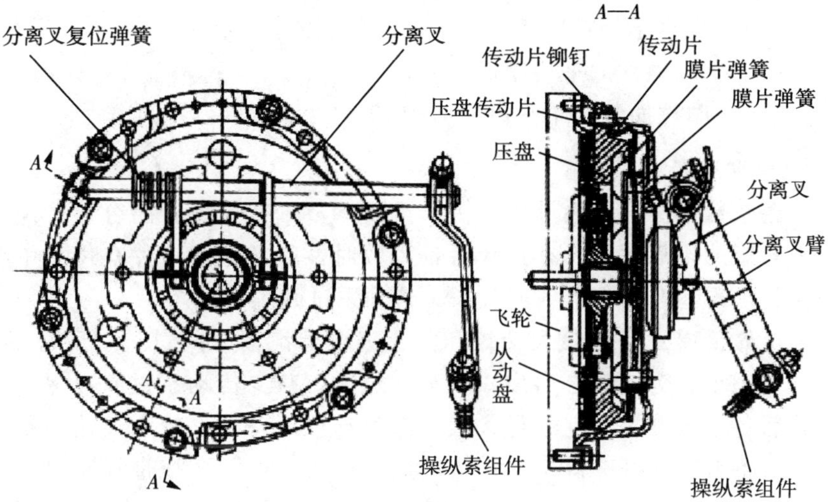

图 12-8　膜片弹簧离合器结构图

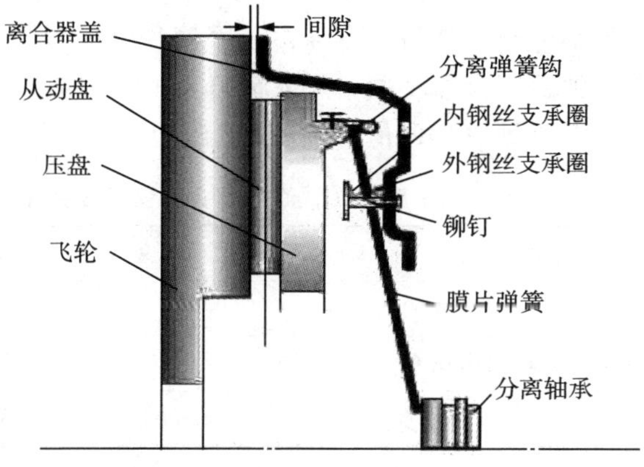

图 12-9　膜片弹簧离合器分离机构示意图

二、离合器的选择、匹配、计算分析

摩擦离合器是靠存在于主动、从动部门摩擦表面的摩擦力矩来传递发动机转矩的，离合器的静摩擦力矩 T_c 可按式（12-1）进行计算：

$$T_c = f \times F \times Z \times R_c \qquad (12-1)$$

式中：f——摩擦面间的静摩擦因数，计算时一般取 $f=0.25\sim0.30$；

F——压盘施加在摩擦表面上的工作压力；

R_c——摩擦片的平均摩擦半径；

Z——摩擦面数，单片离合器的 $Z=2$，双片离合器的 $Z=4$。

1. 后备系数 β

后备系数是离合器设计中的一个重要参数，它反映了离合器传递发动机最大转矩的可靠程度。在选择后备系数时，应考虑摩擦片在使用中磨损以及防止出现离合器滑磨时间过长、传动系过载等现象。

为可靠传递发动机最大转矩和防止离合器滑磨时间过长，后备系数 β 不宜选得太小。为使离合器尺寸不至于过大，减少传动系过载，保证操纵轻便，后备系数 β 又不宜选得太大。当发动机后备功率较大，使用条件较好时，后备系数 β 可选得小些；当使用条件恶劣，需要拖带挂车时，为提高起步能力，减少离合器滑磨，后备系数 β 应选得大些。汽车总质量越大，后备系数 β 也应选得越大；采用柴油机时，由于工作强度较大，转矩较不平稳，选取的 β 值应比汽油机大些；发动机缸数越多，转矩波动越小，后备系数 β 可选得越小。膜片弹簧离合器由于摩擦片磨损后压力保持较稳定，选取 β 值可比螺旋弹簧离合器小些；双片离合器的 β 值应大于单片离合器。各类汽车离合器后备系数 β 的取值范围如表 12-1 所列。

表 12-1　各类汽车离合器后备系数 β 取值范围参照表

车　　型	后备系数 β
乘用车及最大总质量小于 6 吨的商用车	1.20～1.75
最大总质量为 6～14 吨的商用车	1.50～2.25
挂车	1.80～4.00

2. 单位压力 P_0

单位压力 P_0 决定了摩擦表面的耐磨性，对离合器工作性能和使用寿命有很大影响，选取时应考虑离合器的工作条件、发动机后备公里的大小、摩擦片尺寸、材料及其质量和后备系数等因素。对于离合器使用频繁、发动机后备系数较小、载质量大或经常在坏路面上行驶的汽车，单位压力 P_0 应取小些；后备系数较大时，可适当增大单位压力 P_0。

当摩擦片采用不同的材料时，P_0 的取值范围如表 12－2 所示。

表 12－2　单位压力 P_0 取值范围参照表

摩擦片材料		单位压力 P_0（MPa）
石棉基材料	模压	0.15～0.25
	编制	0.25～0.35
粉末冶金材料	铜基	0.35～0.50
	铁基	
金属陶瓷材料		0.70～1.50

3. 摩擦片外径 D、内径 d 和厚度 b

摩擦片外径 D 可根据发动机最大转矩按式（12－2）下经验公式选用：

$$D=K_D\times T_{emax} \tag{12-2}$$

式中：K_D——直径系数；

T_{emax}——发动机最大扭矩，N·m。

直径系数 K_D 的取值范围如表 12－3 所列。

表 12－3　直径系数 K_D 取值范围参照表

车　　型	直径系数 K_D
乘用车	14.6
最大总质量为 1.8～14 吨的商用车	16.0～18.5（单片离合器）
	13.5～15.09（双片离合器）
最大总质量大于 14 吨的商用车	22.5～24.0

当摩擦片外径 D 确定后，摩擦片内径 d 可根据 d/D 在 0.53～0.70 之间来确定。在摩擦片外径 D 相同时，选用较小的摩擦片内径 d 虽可增大摩擦面积，提高传递扭矩的能力，但会使摩擦面上的压力分布不均匀，使摩擦片内外缘圆周的相对滑磨速度差别太大而造成摩擦面磨损不均匀，且不利于散热和扭转减震器的安装，所选的外径 D 应使摩擦片最大圆周速度不

超过 65～70m/s，以免摩擦片发生飞离。

摩擦片的厚度主要有 3.2mm、3.5mm 和 4.0mm 三种。

4. 摩擦因数 r、摩擦面数 Z 和离合器间隙 Δt

摩擦片的摩擦因数 r 取决于摩擦片所用的材料及其工作温度、单位压力和滑磨速度等因素。摩擦片的材料主要有石棉基材料、粉末冶金材料和金属陶瓷材料等。石棉基材料的摩擦因数 r 受工作温度、单位压力和滑磨速度的影响较大，而粉末冶金材料和金属陶瓷材料的摩擦因数 r 较大且稳定。

摩擦面数 Z 为离合器从动盘的两倍，且取决于离合器所需传递转矩的大小及其结构尺寸。

离合器间隙 Δt 是指离合器处于正常结合状态、分离套筒被回拉弹簧拉到后极限位置时，为保证摩擦片正常磨损过程中离合器仍能完全结合，在分离轴承和分离杠杆内端之间留有的间隙一般为 3～4mm。

第四节　传动系统匹配设计参数表

传动系统需要关注的是如何将动力良好、顺畅地传递出去，除了关注前面提到的变速箱、离合器、离合操纵系统等，还需要关注动力输出相关系统。

一、动力输出系统匹配设计参数表

动力输出系统匹配参数表定义发动机动力输出端与整车连接信息，围绕如何将发动机动力更好地输出进行接口部分的参数定义。该部分信息定义的准确与否直接影响发动机动力是否可以平稳、可靠、有效地输出，是整车得以正常运行的重要保障。

1. 发动机动力输出系统参数

发动机动力输出系统围绕发动机的动力输出过程相关零部件及接口进行定义，主要包含飞轮、飞轮壳、离合器壳体、一轴轴承、变速箱连接端面接口规格等。此部分参数主要由发动机设计部门定义，具体如表 12－4 所列。

表 12－4　发动机动力输出系统参数表

序号	项目		参数
1	飞轮	匹配飞轮种类	SMF or DMF
2		转动惯量（kg·m²）	
3		飞轮摩擦面外径（mm）	
4		飞轮摩擦面内径（mm）	
5		飞轮摩擦面与压盘安装面高度差（mm）	
6		飞轮摩擦面与飞轮螺栓安装面高度差（mm）	含公差
7		压盘安装面与压盘安装未加工面高度差（mm）	
8		压盘安装孔/定位销孔/螺纹孔参数、分度圆（直径、深度、数量）	用示意图表达
9			
10		飞轮螺栓	图纸
11		起动齿圈外径（mm）	
12		起动齿圈参数	
13		齿圈到变速箱安装面距离（mm）	
		信号齿圈外径（mm）	
14	离合器壳体	飞轮摩擦面至变速箱安装面距离（mm）	含公差
15		曲轴后端面至变速箱安装面距离（mm）	含公差
16		曲轴位置传感器安装孔角度	
17		曲轴位置传感器安装孔直径（mm）	
18	发动机是否带离合器		
19	飞轮壳	有/无	
20		预留转速传感器接口	有/无
21		外径（mm）	
22		内径（mm）	

（续表）

序号	项目				参数	
23	变速箱安装孔位关系及螺纹定义（发动机侧）	安装孔数量				
24		变速箱安装端面孔位关系示意图如图 12－10 所示				
25		编号	类型	规格	分度圆直径	偏转角度
26		1			D_1	α_1
27		2			D_2	α_2
28		3			D_3	α_3
29		4			D_4	α_4
30		5			D_5	α_5
31		6			D_6	α_6
32		7			D_7	α_7
33		8			D_8	α_8
34		9			D_9	α_9
35		10			D_{10}	α_{10}
36	Ⅰ轴轴承	有/无				
37		型号				
38		内径（mm）			若为非标准件，需标注公差	
39		后端面到变速箱安装面距离（mm）			含公差	
40	Ⅰ轴可插入深度（mm）				相对于变速箱安装端面	
41	曲轴后端面到缸体后端面距离（mm）				含公差	

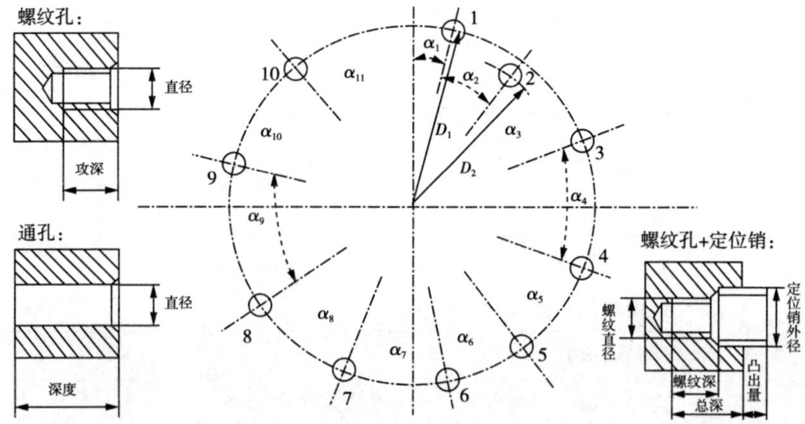

图 12－10　变速箱安装端面孔位关系示意图

2. 整车相关动力输出系统参数

整车与动力输出系统相关部件主要包含离合器和离合器壳体部分参数。此部分参数由整车部门负责定义，具体如表 12－5 所列。

表 12－5　整车相关动力输出系统参数表

序号	项目		参数
1	离合器	种类	
2		型号/图号	
3		摩擦片外径（mm）	
4		摩擦片内径（mm）	
5		压盘转动惯量（$kg \cdot m^2$）	
6		从动盘转动惯量（$kg \cdot m^2$）	
7		最大传递扭矩（N・m）	
8		供应商	
9		安装孔/定位销	示意图（直径、分度圆）
10		安装螺栓拧紧力矩（N・m）	
11		花键前端面到摩擦面距离（mm）	
12	离合器	分离行程	
13		最大分离力	
14		分离指高度	
15		从动盘花键参数	
16		摩擦片允许磨损余量	
17	离合操纵系统	分离轴承套筒前端至变速箱安装面距离（mm）	
18		分离拨叉支座安装面到变速箱安装面的距离（mm）	

二、传动系统匹配参数表

传动系统匹配参数表定义发动机动力输出直到驱动整车的过程，该系统对动力传动路径上几个关键的零部件进行了定义。

传动系统主要部件包括变速箱、传动轴和轮胎、后桥。此部分参数由整车部门负责定义，具体如表 12-6 所示。

表 12-6　传动系统匹配参数表

序号	项　目		参　数
1	变速箱	型号	
2		生产厂家	
3		承受扭矩（N·m）	
4		净质量（kg）	
5		输入输出轴中心距（mm）	
6		输入输出轴高度差（mm）	
7		离壳内壁尺寸（mm）	最小圆柱直径×高度
8		外形尺寸，长×宽×高（mm）	
9		Ⅰ挡速比	
10		Ⅱ挡速比	
11		Ⅲ挡速比	
12		Ⅳ挡速比	
13		Ⅴ挡速比	
14		Ⅵ挡速比	
15		R挡速比	
16		Ⅰ挡齿轮转动惯量（输出轴/输入轴）	
17		Ⅱ挡齿轮转动惯量（输出轴/输入轴）	
18		Ⅲ挡齿轮转动惯量（输出轴/输入轴）	
19		Ⅳ挡齿轮转动惯量（输出轴/输入轴）	
20		Ⅴ挡齿轮转动惯量（输出轴/输入轴）	
21		Ⅵ挡齿轮转动惯量（输出轴/输入轴）	
22		主减速比（输出轴/输入轴）	
23		变速器效率	MAP（参照 SAEJ2453 标准执行）
24		主减速器效率	MAP

（续表）

序号	项　　目		参　　数
25	传动轴	右传动轴轴节外径（mm）	
26		橡胶护套外径（mm）	
27		左传动轴滑移曲线	
28		右传动轴滑移曲线	
29		轮端跳动上极限	
30		轮端跳动下极限	
31		空载轮端跳动上极限	
32		空载轮端跳动下极限	
33		满载轮端跳动上极限	
34		满载轮端跳动下极限	
35		惯量（左）	
36		惯量（右）	
37		惯量（主传动轴）	
38	轮胎	型号	
39		滚动半径（mm）	
40		滚动阻力系数	
41		轮胎转动惯量	
42		气压（kPa）	
43	后桥	主减速器承受扭矩（N·m）	
44		最大输出扭矩（N·m）	
45	主减速比		

第十三章　整车附配件匹配设计

第一节　动力转向泵匹配设计

一、动力转向泵功能

动力转向泵是整个动力转向系统的核心部件。动力转向泵一般安装在发动机的前端，靠皮带传动（安装在后面的靠齿轮传动），以保证在各种条件下平稳运转。泵的驱动力通过驱动轴上的花键来驱动转子旋转。这时工作油从储油罐通过低压油管流入油泵，在定子和转子部件作用下，变为高压油，然后通过高压油管输送到转向齿轮。工作油的输入和输出的位置是由定子的形状来决定的，而定子是固定不动的，所以工作油的输入输出是通过转子的旋转来实现的。

动力转向泵主要有叶片式、齿轮式、柱塞式等几种。从目前国内发展来看，推广使用最多的为叶片泵。主要零件有定子、转子、配油盘、叶片、泵体及后盖等。泵体内装有流量控制阀和安全阀。当泵工作时滑阀有一定开度，使流量达到规定要求，多余的流量又回到泵的吸油腔内。若油路发生堵塞或意外事故，使系统压力超过泵的最大工作压力时，安全阀打开，滑阀全部开启，所有压力油均回到吸油腔，对系统起安全保护作用。

图 13－1 所示为某叶片泵的结构。叶片泵的构成元件组装在轻质铝壳体内，基本构成包括：转子、定子、分油盘、轴、端盖、轴承、叶片、阀螺钉、滑阀组件及弹簧。轴末端位于轻质铝端盖上。

泵壳体里的轴是由球轴承或滑动轴承支撑且其转子固定在轴外表面。叶片位于转子上被平均分配的十个槽中。定子则固定在壳体或端盖上，中间是转子，侧面为分油盘。转子外圆周和定子椭圆形内表面是两个新月形的内腔。

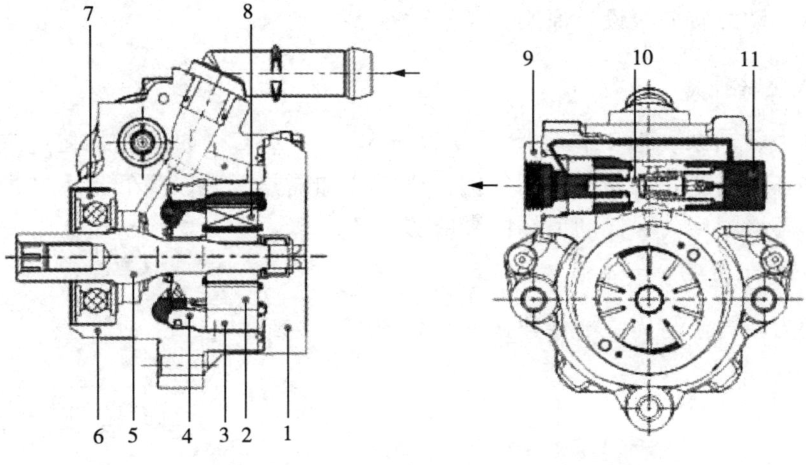

图 13-1　叶片泵结构示意图

1—端盖；2—转子；3—定子；4—分油盘；5—轴；6—壳体；7—轴承；8—叶片；9—阀螺钉；10—压力流量控制阀；11—弹簧

根据设计，液压产生在新月形压力腔并径直流向压力释压阀，由阀组件控制其流量和压力，经过连接在泵上的油管流向助力转向系统内。

为了匹配不同的转向系统，叶片泵的流量控制特性可根据需要调整为恒定、逐步降低或者分阶段下降的方式。在整个发动机转速范围内，泵提供恒定流量到转向系统中，如图 13-2 所示的 A 曲线。

对流量特性逐步降低的泵，如图 13-2 所示中的 B 曲线，要求其在特定转速下达到一定流量。该特性由控制系统进行控制。

对其他一些应用需求，要求其流量特性分阶段下降，如图 13-2 所示中的 C 曲线。在此设计中，流量在中速附近明显改变。此特性可通过一个特殊阀系统进行控制使流量从最大变到最小。

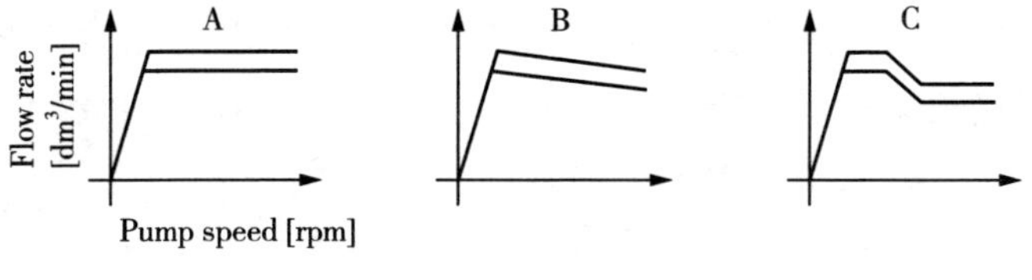

图 13-2　动力转向泵流量特性曲线图

二、动力转向泵设计原则

1. 工作环境

动力转向泵一般工作环境温度为－40℃～120℃，如果安装在进气侧则不需任何措施，如安装在排气侧，则需要加隔热罩，以降低动力转向泵的工作环境温度，保证动力转向泵能够正常工作。

2. 上下左右关联件关系

动力转向泵与周围部件连接关系如图 13－3 所示。

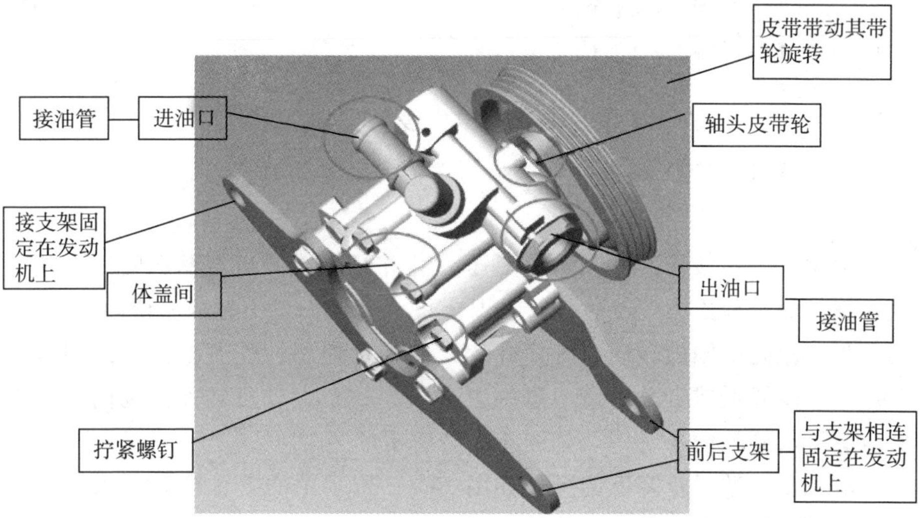

图 13－3　动力转向泵连接关系示意图

动力转向泵是为整车的转向系统提供助力的，因此动力转向泵的选型需要考虑到整车的需要，然后再选择动力转向泵的排量。

动力转向泵支架的设计要保证支架的强度，因为在由皮带带动动力转向泵带轮做高速转动时，支架承受的力是很大的，在支架设计完毕后要进行应力分析，尤其是对受力集中部分。

严格控制动力转向泵安装端面到带轮中心距离，因为它是保证动力转向泵与曲轴在同一平面的关键尺寸。动力转向泵下挂脚开挡一定与支架配合完全，或者在动力转向泵下挂脚增加衬套，使挂脚与支架无间隙，减少轴向窜动，降低前端辅助驱动系统噪声。

3. 种类介绍及选择

动力转向泵分为机械式液压动力转向系统、电子液压助力转向系统、和电动助力转向系统。

（1）机械式的液压动力转向系统一般由液压泵、油管、压力流量控制阀体、V 形传动皮带、储油罐等部件构成。无论车是否转向，这套系统都要工作，而且在打转向车速较低时，需要液压泵输出更大的功率以获得比较大的助力。所以，也在一定程度上浪费了资源。人们开这样的车，尤其是低速转弯的时候，往往觉得方向盘比较沉，发动机也比较费力气。又由于液压泵的压力很大，因此比较容易损害助力系统。还有，机械式液压助力转向系统由液压泵及管路和油缸组成，为保持压力，不论是否需要转向助力，系统总要处于工作状态，能耗较高，这也是汽车耗资源的一个原因所在。一般经济型轿车使用机械液压助力系统的比较多。

（2）电子液压助力转向系统主要构件有储油罐、助力转向控制单元、电动泵、转向机、助力转向传感器等，其中助力转向控制单元和电动泵是一个整体结构。工作原理：电子液压转向助力系统克服了传统的液压转向助力系统的缺点。它所采用的液压泵不再靠发动机皮带直接驱动，而是采用一个电动泵，它所有的工作状态都是由电子控制单元根据车辆的行驶速度、转向角度等信号计算出的最理想状态。简单地说，在低速大转向时，电子控制单元驱动电子液压泵以高速运转输出较大功率，使驾驶员打方向省力；汽车在高速行驶时，液压控制单元驱动电子液压泵以较低的速度运转，在不至于影响高速打转向的需要同时，节省一部分发动机功率。

（3）电动助力转向系统英文全称是“Electronic Power Steering”，简称 EPS，它利用电动机产生的动力协助驾车者进行动力转向。不同的车 EPS 尽管结构部件不一样，但大体是雷同的，一般是由转矩（转向）传感器、电子控制单元、电动机、减速器、机械转向器以及蓄电池电源所构成。主要工作原理：汽车在转向时，转矩（转向）传感器会“感觉”到转向盘的力矩和拟转动的方向，这些信号会通过数据总线发给电子控制单元，电控单元会根据传动力矩、拟转方向等数据信号，向电动机控制器发出动作指令，从而电动机就会根据具体的需要输出相应大小的转动力矩，从而产生了助力转向。如果不转向，则本套系统就不工作，处于休眠状态等待调用。电动助力转向的这种工作特性，使汽车在高速行驶时更稳。又由于它不转向时不工作，所以也节省了能源。一般高档轿车均使用这样的助力转向系统。

4. 关键尺寸确定

动力转向泵是功能件，有很多零部件组成，因此它使用的材料也不相同。

关键尺寸标注：动力转向泵安装端面到带轮中心的距离，动力转向泵搭子安装螺栓孔定位尺寸和安装尺寸，动力转向泵的带轮直径，进油口出油口直径，动力转向泵的选配需要考虑到动力转向泵的排量，工作的最大压力，工作温度，等等。

5. 性能参数示例

某车型动力转向泵性能参数如图 13－4 所示，流量特性曲线如图 13－5 所示。

转速：最小=500 rpm；
最大=8000 rpm，连续不断（8250 rpm 瞬间峰值）。

排量：$Q_{理论}$=8.5cm^3/rev
Q_{min}=2.8dm^3/min，500rpm,50℃,50bar（ATF油）。

最大压力：P_{max}=70−10bar。

工作温度：−40℃~120℃（瞬间最大150℃）。

内部清洁度：允许杂质总量　最大25mg；
外部微粒尺寸　最大315 μm；
另外允许：3个“H”形颗粒，315×315×600 μm，“H”金属颗粒；
10个“W”形颗料，90×90×3000 μm，“W”非金属颗粒。

图 13－4　动力转向泵性能参数示例

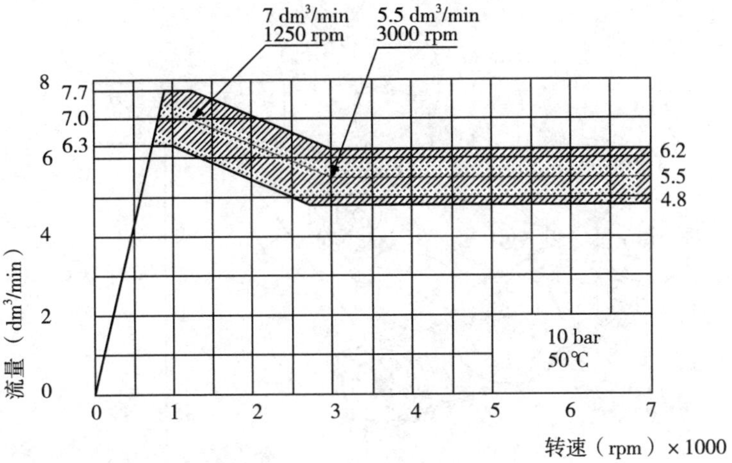

图 13－5　动力转向泵流量特性示例

三、设计步骤

1. 三维模型思路及方法

动力转向泵是一个成熟的产品，不需要进行单独的设计，三维数模只有检查装配的用途。动力转向泵数模如图 13－6 所示，其在发动机上的装配位置如图 13－7、图 13－8 所示。

图 13－6　动力转向泵数模

图 13－7　动力转向泵在发动机上的装配位置

(1) 动力转向系统配套设计

① 调查汽车在超载运营时的前桥载荷（双前桥转向时需要调查双桥载荷之和）。

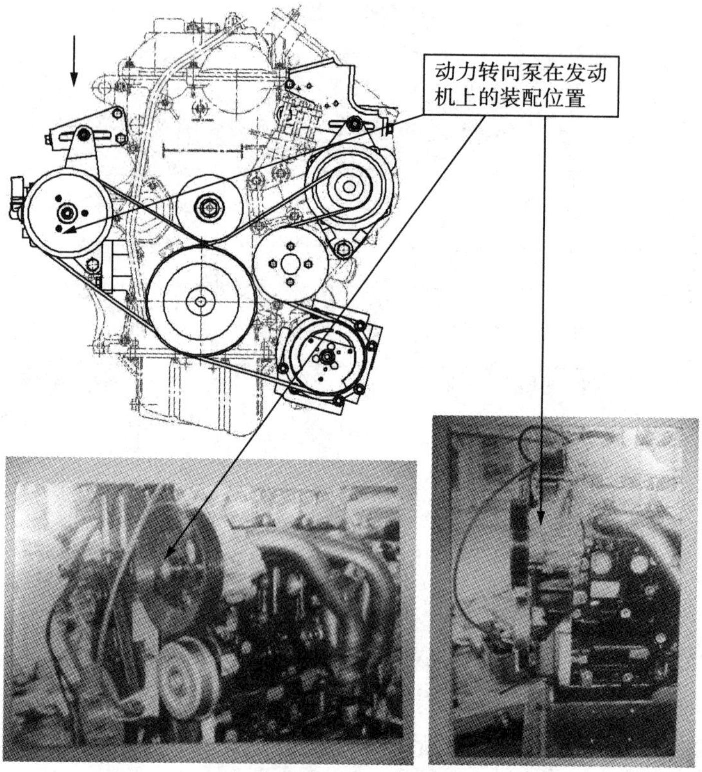

图 13-8　动力转向泵在发动机上的装配位置

② 调查汽车厂助力方向机的规格。根据经验，前桥载荷小于等于 5500kg 时可选择直径等于 100mm 缸径助力方向机，其他载荷参考该数据进行选择。助力方向机的缸径系列为 70mm、80mm、90mm、100mm、110mm 等，助力方向机缸径选择过小会使助力转向液压系统容易产生故障。

③ 核算助力方向机流量需求。保证有足够的助力性能，在典型路面（非水泥路面、土路、乡村公路）上，汽车按实际最高载重量，原地打方向时方向机进油压力为 7～13MPa。低于 7MPa 可以考虑减小方向机油缸直径，高于 13MPa 时应考虑加大转向器油缸直径。方向机最高压力限制（安全压力）：按典型公路重载原地转向时测试压力除以 0.85，建议不要超过 15MPa，一般建议使用 12～13MPa 安全压力，安全压力越高，可靠性越差。

④ 确定转向泵在发动机上的安装位置及进出油口位置，给出一个尺寸

范围，这样方便转向泵厂家设计性能更好的转向泵。

⑤ 将转向泵安装连接尺寸、进出油口位置尺寸、方向机流量需求及安全压力提交转向泵生产厂家，转向泵生产厂家根据提供的参数要求设计匹配的转向泵。

（2）动力转向泵的配套设计

① 动力转向泵的最大压力

考虑从转向泵的出口到方向机的进口之间的管路损失，在选择转向泵的最大压力时，应使转向泵的最大压力 P_P 满足式（13－1）的要求。如果压力已经很高，转向却依然沉重，只能是加大缸径。如果压力 $P_P < P_{方向机}$，必然会转向沉重或是打不动方向盘。

$$P_P = P_{方向机} + \Delta P_{管路} \tag{13-1}$$

式中：P_P——动力转向泵的最大压力，MPa；

$P_{方向机}$——方向机的最大压力，MPa；

$\Delta P_{管路}$——管路损失，一般取 0.3～0.5MPa。

动力转向泵应有可靠的压力装置，任何情况下，输出压力不能高于其许可的最大工作压力。若该输出接口用来驱动其他附件，应得到相关部门审查认可。

② 动力转向泵的控制流量 Q_P

动力转向机的控制流量一般按式（13－2）选取：

$$Q_P \geqslant (1.05 \sim 1.1)\, Q_{方向机\max} \tag{13-2}$$

式中：$Q_{方向机\max}$——方向机所需的最大流量，L/min。

③ 动力转向泵的公称排量

根据怠速时（转向泵转速一般为 650～750 r/min）方向机所需的流量，选择转向泵的排量。低速时（转向泵转速一般在 1200r/min 以下）转向泵输出的流量 Q_{Pn} 与排量之间的关系符合式（13－3）：

$$Q_{Pn} = q_t \times n_P \tag{13-3}$$

式中：Q_{Pn}——动力转向泵输出流量，L/min；

q_t——泵的理论排量，L/r；

n_P——怠速时转向泵的转速，r/min。

转向泵的排量过小，容易出现怠速时转向沉重；排量过大，系统容易发热。

（3）转向管路进油管、出油管的选择

① 管路材料的选择：油管可以是软管、钢管或为其混合式。软管又分为高压钢丝编织耐油软管、高压耐油塑料软管及低压帘线编织耐油软管；钢管为高压无缝钢管，材料一般为 20 号钢或 08F 号钢。对于油管的选用，无论是钢管、耐油胶管或塑料管，都必须根据系统的工作压力进行选用。建议不采用高压钢丝编制耐油软管，以避免因温升膨胀而缩小管路内径，因此最好采用高压钢管。

② 管路内径的选择：根据管道内的流速，确定管道内径尺寸。

允许流速的推荐值为：

液压泵吸油管道为 0.5～1.5m/s，一般取 1m/s 以下；

液压系统压油管道为 3～4m/s，压力高时取大值；

液压系统回油管道为 1.5～2.5m/s。

管道内径与流量、流速的关系见式（13－4）。

$$d_{管}=\frac{2Q_{管}}{\pi\times v_{管}} \tag{13-4}$$

式中：$d_{管}$——管道内径，mm；

$Q_{管}$——通过管道的流量，L/min；

$v_{管}$——管道内液流平均流速，m/s。

管路内径经验值可以参照表 13－1 选取。

表 13－1　动力转向管路内径经验值

转向泵控制流量（L/min）	进油管路最小内径（mm）	出油管路最小内径（mm）
8	8	5
11.5	10	6
15	11	7
16	11.2	7.2
20	13	8

以上管路内径是管路长为500mm时的经验值，当管路每增加500mm时，管路内径增加2mm。

配套时要保证管路密封合格，进油管漏气漏水则会使液压油变质。管路直径不能过小。进油管口径过小会引起吸空，产生气穴现象；出油管直径过小会产生阻尼，引起系统压力升高，系统可靠性变差。

③ 方向机及进出油管必须保持清洁，不允许有铁屑、铁锈等杂质。

(4) 转向油品的选择

① 在夏季，全国均可用航空液压油；在冬季，长江以南仍可用航空液压油，在长江以北，可以使用HV-32或HV-46低温抗磨液压油；8号液力传动油或8号及10号航空液压油、自动变速箱油等，一年四季中在全国各地均可使用，但价格较贵。禁止型号不一致油液混用。

② 加注油料时必须经过转向系统油罐上的过滤网过滤，禁止油液不经过过滤直接加入转向系统油罐中。

③ 油量加注必须在油罐标尺规定的两刻度线之间。油量加注后启动发动机3～5min，检查油料是否至规定标尺刻度线。油料过多，发动机启动后油易溢出，既造成浪费又破坏车容；油料过少，易造成转向叶片泵烧蚀。

2. 设计检查

(1) 应按照批准的图样及设计文件制造。

(2) 动力转向泵性能参数要满足整车要求的排量。

(3) 应标明制造厂商标、产品名称、产品型号、排量、制造日期和代号。

四、设计验证

1. 试验条件

(1) 本标准规定性能试验、可靠性试验、出厂试验和型式试验。

(2) 试验用油：试验用油料应符合产品使用说明书的要求。

(3) 试验油温：进油口油温除高温试验和低温试验外，性能试验按(50±5)℃进行，可靠性试验按(70±5)℃进行。

(4) 试验用仪器仪表精度：试验用仪器仪表精度按GB/T 7935中的规定进行。

2. 性能试验

（1）安全阀调节试验：调节安全阀，使其在最大工作压力规定值范围内完全开启。

（2）跑合试验：在空载压力下启动被试泵，并缓慢升至最高工作转速 n_{pmax} 保持 1min，再将转速调至 1500r/min，从空载压力开始缓慢升压至 0.85P_P 保持 1min。

（3）流量检测试验：在空载和 0.85P_P 压力下，测量开启转速 n_{1k}、n_{2k} 时的流量 Q_{1k}、Q_{2k}。

（4）最大工作压力测定试验：在空载压力下起动被试泵，并缓慢升速至 1500r/min，迅速关闭油路，使输出流量为零，保压 5～10s 后，测量安全阀开启时的压力值，然后在迅速打开输出油路，恢复空载状态。

（5）流量特性试验：绘制流量特性曲线，测出开启转速 n_{1k}、n_{2k} 和开启流量 Q_{1k}、Q_{2k}。

（6）效率试验：在 600r/min 和 0.5P_P 压力下，测量流量和输入转矩，并计算半载容积效率 $\eta_{V'}$ 和半载总效率 $\eta_{t'}$

（7）气密性试验：在 1000r/min 和 0.5P_P 压力下，距离被试泵为 150mm 处测量噪声值。

（8）高温试验：选用同步转速为 1500 r/min 的交流电机直接驱动被试泵，进口油温为（100±5)℃，在 0.85P_P 压力下连续运转 60min。

（9）低温试验：被试泵温度和进口油温均处于－40℃以下，在空载压力下启动被试泵。

在进行上述性能和可靠性各项试验中，观察有无漏油、漏气、破损和异常振动等现象。

3. 标志、包装、运输及贮存

（1）总成出厂时，均应有制造厂的合格证件，并标明制厂造名和商标。

（2）产品包装应符合 GB/T 13384 的规定，并附有合格证。合格证应包括如下内容：

① 制造厂名或商标；

② 产品名称及代号；

③ 制造厂质量管理部门的印章；

④ 制造日期或生产批号。

(3) 包装外表应标明：

① 制造厂名或商标；

② 产品名称及代号；

③ 收货单位、地址；

④ 包装数量、总质量、净质量；

⑤ 制造日期或生产批号；

⑥ 标有“小心轻放”“勿近潮湿”等字样和标志。

(4) 产品放在通风干燥的环境中，在正常保管的情况下，自出厂日期起，半年内，如发现有锈蚀和损坏，应由制造厂负责。

五、动力转向系统相关匹配参数表

动力转向系统匹配参数表定义整车动力转向系统相关的各项参数。

1. 发动机相关动力转向系统设计参数

发动机仅为整车动力转向系统提供安装和驱动力，由发动机设计部门负责定义，具体参数如表 13-2 所列。

表 13-2　发动机相关动力转向系统设计参数表

序号	项　目	参　数	备　注
1	安装要点说明	简图	
2	驱动盘外径（mm）		带轮驱动
3	驱动带轮规格	几齿几槽	
4	皮带张紧力（N）		
5	发动机转速与驱动轮转速比		
6	驱动齿轮分度圆直径（mm）		齿轮驱动
7	发动机转速与驱动齿轮转速比		
8	发动机转速与驱动花键转速比		花键与十字滑块驱动
9	发动机转速与驱动滑块转速比		

2. 整车动力转向系统设计参数

动力转向系统与发动机相关部分为动力转向泵，其相关参数由整车部门负责定义，具体参数如表 13－3 所列。

表 13－3　整车动力转向系统设计参数表

序号	项　目	参　数		备　注
1	动力转向泵型号			
2	驱动形式	皮带/齿轮/链轮		
3	进油口外径（mm）			
4	出油口内径（mm）			
5	泵轮外径（mm）			
6	皮带轮规格			
7	转速范围（r/min）			
8	排量（cm^3/rev）			
9	最大压力（bar）			
10	工作温度（℃）			
11	液压油型号			
12	最小流量（L/min）			
13	流量特性（L/min）	rpm	L/min	
14		rpm	L/min	
15	流量特性图			

第二节　空调系统匹配设计

汽车空调就是指汽车车厢内空气调节装置的简称，它的内涵是指在封闭的空间内，调节车内的问题、湿度、气流速度、空气清洁度等参数指标，从而为乘员创造清新舒适的车内环境。

由于汽车直接暴露在太阳下或风雪下，所以隔热较为困难。另外，汽车在行驶时有大量风沙、废气从各种缝隙钻入车厢内，造成车厢内空气污染并增加热负荷；汽车的行驶速度变化无常，难以保证稳定的空调工况；等等。所以汽车空调工作环境比房间空调工作环境要恶劣得多。

由于汽车这个“移动房间”的特殊工作环境，它与建筑空调有许多不同之处，具体表现在以下许多方面：

（1）由于汽车车厢容积小，车窗所占面积比例较大，易受阳光直射，因此车厢温度很高；此外车厢内温度还受地面热量反射、人体散热、发动机辐射热以及换气热影响，汽车空调热负荷较大。

（2）汽车空调制冷压缩机不能利用电力做功，要由汽车发动机或专门的辅助发动机来驱动，因此对汽车的其他性能具有一定影响。

（3）在由发动机驱动时，汽车空调的制冷性能与汽车行驶速度有关，高速时制冷量就大，低速时制冷量就小。

（4）汽车上空调紧凑，空调装置布置较困难，而且各种汽车空调部件的通用性较差。

（5）汽车车厢内成员所占空间比较大，加上座椅和其他机械装置的高低不平，直接影响车厢内的风速和温度分布的均匀性，影响人体舒适性。

（6）冷凝压力偏高，制冷剂易泄漏；汽车在颠簸不平的道路上快速移动，震动厉害，连接处易松动；冷凝器易受飞石击伤，产生泄露现象。

一、功能介绍

人们使用汽车空调，主要是为了让它给人体带来更好的舒适度，从人体感知的方面来看，汽车空调的主要功能如下：

（1）调节车内空气的温度。汽车空调在冬季利用其采暖装置升高车厢内空气的温度。轿车和中小型汽车一般以发动机冷却循环水作为暖风的热源，而大型客车则采用独立式加热器作为暖风的热源。在夏季，车内降温则是由制冷装置来完成的。最早的手动空调就是采用此种方式。但人们对车内温度的要求不单是冬暖夏凉，而且要求车内温度稳定在某一温度区间，这样才会更舒服，自动空调可以很好地实现该功能。现在空调调节车内的温度除了传统的方式和自动空调外，还采用了分区控制、REST 发动机余温加热、STH 停车加热功能、停车通风功能等。

（2）调节车内空气的湿度。普通汽车空调一般不具备这种功能，只有高级豪华轿车采用的冷暖一体化空调器才能对车内的湿度进行适量调节。

它通过智能装置冷却降温去除空气中的水分，再由采暖装置升温，以降低空气的相对湿度。但汽车上目前还没有加装加湿装置，只能通过打开车窗等通风措施，靠车外新鲜空气来调节。

（3）提供合适的气流速度和气流方向。空气的流速和方向对人体舒适性影响很大。为了让人感觉舒服，自动空调在制冷时出风口一般处于吹脸模式，在取暖时出风口一般处于吹脚模式。头部对冷比较敏感，脚部对热比较敏感，这是由人体生理特点决定的。因此，在布置空调出风口时，应采取上冷下暖的模式，即让冷风吹到乘员头部，暖风吹到乘员脚部。

夏季，舒适的气流速度一般为 0.25m/s 左右，不宜超过 0.5m/s；冬季，舒适的气流速度一般为 0.15～0.20m/s，不宜超过 0.3～0.35m/s。夏季，气流速度稍大点，有利于人体散热降温。但过大的风速直接吹到人体上，也会使人感到不舒服。冬季，气流速度尽量小一些，风速太大了，会影响人体保温。

（4）过滤净化车内空气，保证车内空气的质量。由于车内空间狭小，乘员密度大，车内极易出现缺氧和二氧化碳浓度过高的情况，所以进气门应处于外循环，以不断向车内补充外界的新鲜空气，可采用强制通风装置，或采用自然通风装置。为防止人体缺氧，产生疲劳、头痛和恶心等症状，车内每位乘客所需新鲜空气量应为 20～30m^3/h，二氧化碳体积浓度应保持在 0.1%以下。

二、设计原则

1. 空调系统的组成

车辆使用两种类型的通风装置：自然通风装置和强制通风装置。自然通风是利用车辆运动产生的空气压力，使外部空气进入车内。强制通风应用鼓风机等类似装置，强迫空气穿过车辆。强制通风装置的排气口与自然通风装置相同。车外空气含有发动机废气中的一氧化碳和道路上的粉尘、野外有毒的花粉。如果简单把车外空气引入车内，容易造成车内空气污浊，影响乘员的身体健康。因此必须要求汽车空调具补充车外新鲜空气、过滤和净化车内空气的功能。一般汽车空调装置上都设有排风门、空气过滤装置和空气净化装置。

2. 汽车空调基本要求

由于汽车空调自身的特点，因此汽车空调应比一般房间空调具有更高的技术性能和工作可靠性。具体要求如下：

(1) 汽车空调应保证在任何条件下，车厢内部都具有舒适的温度范围和气流平均速度。舒适的温度范围：冬季为16℃～20℃，夏季为20℃～28℃；舒适的湿度范围：冬季为55%～70%，夏季为60%～75%；舒适的气流平均速度为0.25m/s。

(2) 汽车空调的控制机构和操纵机构要灵活、方便、可靠。

(3) 汽车空调的零部件要求可靠、体积小、重量轻、安装维修方便。

(4) 汽车空调应具有快速制冷和快速采暖的能力。

(5) 汽车空调冷气装置工作时，对汽车发动机的动力消耗、燃油消耗、加速和爬坡性能的影响应尽可能小。

(6) 汽车空调在汽车上的结构布局要紧凑合理，零部件安装要有防震措施，保证汽车空调在剧烈颠簸条件下能可靠地工作。

3. 汽车空调系统设计原则

汽车空调设计遵循以下几个设计原则：

(1) 空调只是车身的附属设备，设计空调不能改变汽车的安全、行驶、舒适等方面性能；

(2) 空调要能够调节汽车内部温度、湿度以及空气清洁度；

(3) 不能对环境造成损害。

评价汽车空调性能好坏主要指标就是舒适性。经空调调节后的车内空气如果让人感到舒适，那么空调的性能就是好的；否则空调的性能就是差的。评价汽车空调性能好坏另一指标是经济性。变排量压缩机大量的应用是提高空调经济性的重要手段。

三、汽车空调主要装置和部件

汽车空调由暖风装置、制冷装置、通风装置、空气净化装置和加湿装置中的一个或多个部件以及必要的控制部件等构成，用于调节汽车舱内的温度、湿度、清洁度，并使其以一定速度在车内定向流动和分配，从而给驾驶员和乘客提供舒适的环境及新鲜空气。

1. 暖风装置

暖风装置是指以汽车发动机提供的热水作为热源，用于车厢内采暖及风窗玻璃除霜和除雾的热交换装置。暖风装置包括散热器、风扇、暖风电动机、空气管道、壳体等部件。

暖风装置放热量是指在规定的试验条件下，通过暖风装置的热水所散发的热量。暖风装置修正放热量（以下简称放热量）是指将暖风装置放热量换算成暖风装置的进水温度与进气温度之差为65℃时的放热量。

标称放热量是指暖风装置在规定的试验条件下，暖风装置的进水温度与进气温度之差为65℃时的放热量。

标称空气流量是指暖风装置在标准空气状态下的设计空气流量。

（1）放热量标准

放热量和标准状态下的空气流量是暖风装置的基本性能参数，应满足公式（13-5）和公式（13-6）：

$$Q_{设} \geqslant Q_{B} \tag{13-5}$$

式中：$Q_{设}$——设计放热量，单位 kW；

Q_{B}——标称放热量，单位 kW。

$$V_{s设} \geqslant V_{B} \tag{13-6}$$

式中：$V_{s设}$——标准状态下的空气流量，单位 m^3/h；

V_{B}——标称空气流量，单位 m^3/h。

（2）噪音

暖风装置工作时，在规定位置测得的A计权声压级噪声应符合表13-4的规定。

表13-4　暖风装置噪声标准

暖风电动机标称功率（W）	≤40	40～60
噪声限值 dB（A）	63	65
注：暖风电动机标称功率大于60W（含60W）的暖风装置的噪声限值由供需双方协商确定。		

2. 制冷装置

(1) 制冷装置部分概念

制冷装置由压缩机、冷凝器、贮液干燥器或液气分离器、节流元件、蒸发器、制冷剂管路、风机等构成，将车室内的热量传递给室外环境的装置。

稳定状态指汽车空调系统的制冷能力达到平衡时的状态。在此状态下，蒸发器进出风口空气干球温度的变化不超过±1℃，湿球温度的变化不超过±5℃；冷凝器进风口空气干球温度的变化不超过±1℃，流经蒸发器和冷凝器表面空气的风量变化不超过2%，压缩机转速变化不超过2%。

额定制冷量指空调装置在规定的试验条件和试验设备下运行，达到稳定状态时，单位时间内蒸发器从空气中吸收的热量。

名义工况指标定和检验汽车空调系统在稳定状态下额定制冷量的试验条件。

(2) 功能

空调制冷装置的功能是对车厢内的空气进行降温，其工作原理是通过制冷剂由液态转换气态吸热来达到制冷效果。

汽车空调由压缩机、冷凝器、贮液干燥剂、膨胀阀、蒸发器、空调管路和制冷剂组成。它利用制冷剂的不断变态循环来达到制冷效果。液体制冷剂的特点是可以在常温下气化，当遇热变成蒸气时吸收周围的热量，当遇冷变成液体时释放本身的热量。空调系统就是利用制冷剂这个特点将车厢内区域的热量带走，转移到车厢以外的地方去。这里涉及冷热交换的三个基本定律：第一，热量无处不在；第二，热量从高温处流向低温处；第三，液态变成气态时必须要吸收热量。这三条基本定律奠定了所有空调工作方式的原理，当然也包括汽车空调。汽车空调系统采用的均为蒸气压缩式制冷循环。

(3) 工作原理

制冷系统工作原理是通过制冷剂从液态转换为气态时吸收热量而达到制冷目的的。

① 压缩过程：压缩机吸入蒸发器出口处的低温低压气体，把它压缩成高温高压的气体，然后进入冷凝器。

② 冷却过程：高温高压的气体进入冷凝器与空气进行热交换，冷却风扇把热量吹到大气中，制冷剂冷却成液体。

③ 节流过程：高温高压的液态制冷剂经膨胀阀节流降压，以雾状（细小液滴）排出膨胀装置。

④ 蒸发过程：经膨胀阀降温降压的雾状制冷剂液体进入蒸发器蒸发成气体，蒸发过程中吸收周围的热量，降低车内温度。

（4）制冷装置技术要求

汽车空调常用的制冷剂为 R134a，目前，部分汽车厂家开始使用 R1234yf 新型制冷剂。

汽车空调系统内制冷剂 R134a 的充注量要符合产品设计的规定。

一般以额定制冷量为基本参数，制冷量应不低于额定制冷量的 93%，压缩机的驱动率应不大于设计值的 110%，系统耗电功率及风量要求应符合产品设计的规定，蒸发器、冷凝器的技术要求应符合产品设计的规定。

干燥剂、液气分离器、膨胀阀等均满足国家标准规定的要求。

制冷装置在工作状态时，不应发出异常声音；稳定工作状态时，其噪声 A 声级 dB 最大值不得超过产品设计的规定值。

（5）制冷系统的几个基本衡量指标

① 单位制冷量：单位制冷量指 1kg 的制冷剂在一次循环中所制取的冷量，一般用压焓差表示。

② 单位理论功：理论循环中，制冷压缩机每输送 1kg 制冷剂所消耗的功称为单位理论功。它随着制冷剂种类和工作温度的不同而不同。

③ 制冷系数：为循环的单位制冷量和单位理论功之比，它是考核制冷循环好坏的一个重要的技术经济指标。在冷凝温度和蒸发温度给定的情况下，制冷系数越大，循环的经济性越好。

④ 总制冷量、净制冷量：总制冷量就是压缩机的制冷量，是制冷剂单位时间内从节流阀到压缩机吸气口间的设备和管路上吸收的热量。净制冷量就是蒸发器的净制冷量，其定义为向被冷却对象吸收的热量。

⑤ 工况：工况是指确定制冷机运行情况的温度条件，一般应包括制冷机的蒸发温度、冷凝温度、节流前的温度、压缩机吸入前的温度等，主要有标准工况、空调工况、最大压差工况及最大功率工况等几种。

⑥ 过冷度：由于制冷剂液体经过节流装置膨胀后，因节流损失而使少量制冷剂蒸发，产生闪气现象，会影响制冷剂的流动性，使制冷量下降。为弥补这种缺陷，实际上使制冷剂进一步冷却，使其温度低于冷凝压力下所对应的饱和温度，成为过冷液。液体过冷的温度称为过冷度。一般为3℃～5℃。

3. 通风装置

通风装置的功能是保证车厢内空气的清洁度、湿度、气流速度等。

汽车空调通风有自然通风和强制通风两种。自然通风即是利用汽车行驶时车身外表面的空气压力分布来进行通风；强制通风是利用风机强制从车外引入新鲜空气与车内空气混合，混合后再送入车内。空调送风的工作过程如下：新鲜空气＋车内循环空气→进入风机→空气进入蒸发器冷却→由风门调节进入加热器的空气→进入各吹风口。

空气的进入和排出，必然引起车内空气的流动，而不同的空气流动状况有着不同的空调效果。影响车内气流组织的因素很多，主要有送风口和回风口形状、位置和送风射流参数等。送风方式一般采用单侧的上送风下回风布置，这种送风方式能让车内空气充分混合，易于形成稳定的温度场和速度场。通风管路布置直接影响车内的气流组织和空调效果，通风管主要有矩形和圆形两种截面，其中矩形结构容易与汽车结构配合安装，因此多被轿车采用。

4. 空调压缩机

空调压缩机是汽车制冷系统的心脏，它起着输送和压缩制冷剂蒸气、保证制冷循环正常工作的作用。压缩机性能的好坏与能量消耗、噪声大小和运转可靠性都有直接关系，一般安装在汽车发动机上，由发动机通过带轮驱动。

空调压缩机按运转方式和主要零部件形状，可分为往复活塞式（包括曲轴连杆式、摇板式和斜盘式）、旋转式（包括三角转子式、螺杆式和涡旋式）及变容量式。从目前我国的汽车空调现状来看，斜盘式压缩机仍是我国汽车空调的主要机型，经过不断技术进步，该压缩机已具有尺寸小、质量轻和功耗小等优点。

空调压缩机发展历程如下：

（1）往复式空调压缩机发展历程如表 13－5 所列。

表 13－5　往复式空调压缩机发展历程

<table>
<tr><th colspan="3">压缩机形式</th><th>发展过程</th><th>发展动向</th></tr>
<tr><td rowspan="4">往复式</td><td colspan="2">曲轴连杆式
二缸　三缸
四缸（立式）</td><td>是早期汽车空调压缩机的主要形式。由于缺乏安装灵活性，转速也受限制，在 20 世纪 70 年代后期产量急剧下降。目前主要用作大型客车空调。</td><td></td></tr>
<tr><td rowspan="2">轴向活塞式</td><td>旋转斜盘式
六缸
十缸
（双向活塞）</td><td>从 20 世纪 60 年代以来，该机型一直是汽车空调压缩机的主要形式。70 年代中期，六缸机取消集油槽和油泵，改为飞溅润滑。80 年代初，在重量和尺寸上有较大改动。80 年代中后期，发展了十缸机，代表厂家是日本电装公司。90 年代末，开发出可变排量 7SB15 机。</td><td rowspan="2">主要向重量轻、体积小、可变容量及多缸化方向发展。</td></tr>
<tr><td>摇摆斜盘式
五缸
七缸
（单向活塞）</td><td>20 世纪 70 年代初，日本三电公司对美国通用公司的五缸机进行了较大改进，使之具有结构紧凑、体积小、重量轻及安装方便等特点，发展成 SD－5 系列，80 年代中期又开发出 SD－7 系列七缸机。而美国通用公司则将五缸机发展成容量可变的 V－5 型机。</td></tr>
<tr><td colspan="2">径向活塞式
（辐射式）</td><td>美国 20 世纪 70 年代中期开始应用，但一直没有被大量采用。不便于布置及高速性能差可能是主要原因。</td><td></td></tr>
</table>

（2）旋转式空调压缩机发展历程如表 13－6 所列。

表 13－6 旋转式空调压缩机发展历程

<table>
<tr><th colspan="3">压缩机形式</th><th>发展过程</th><th>发展动向</th></tr>
<tr><td rowspan="5">旋转式</td><td>刮片式</td><td>椭圆缸
（偏心转子）
圆形缸
（同心转子）
贯穿刮片式</td><td>20 世纪 70 年代以来一直时起时落地发展，数量比斜盘式少，但比其他旋转式多。目前主要发展小型机，取其体积小、效率高之优点。日本精工开发的变容量刮片机较有特色。</td><td>开发新结构、完善变型机型。</td></tr>
<tr><td colspan="2">滚动活塞式
单缸
双缸</td><td>80 年代初期开始采用，但因其气流脉动及扭矩波动较大而较少被使用。双缸机主要用于变排量。</td><td></td></tr>
<tr><td colspan="2">三角转子式
（汪克尔式）</td><td>因其结构简单、零件数少而在 20 世纪 70 年代末到 80 年代中被不少厂家相继开发，但加工精度要求高，目前基本不采用。</td><td></td></tr>
<tr><td colspan="2">涡旋式</td><td>20 世纪 80 年代初开始小批生产，产量逐年提高，结构、材料和工艺也逐步趋向成熟。运转平衡、效率高是主要优点。目前形势看好。</td><td>有发展前途。</td></tr>
<tr><td colspan="2">螺杆式</td><td>主要用于大型客车。低速性能较差，但由于径向尺寸较小，也有用于轿车和中小型客车的。</td><td></td></tr>
</table>

5. 冷凝器

在汽车上布置冷凝器较困难，散热条件差，其多布置在车前部、侧面或车底部。因经常有泥浆溅入，易腐蚀冷凝器管子和翅片，影响其散热效果，因此要对冷凝器表面采取防腐蚀措施，并经常清洗其表面。

汽车冷凝器有管片式、管带式及平行流式三种结构形式。管片式制造工艺简单，散热效果低，目前已淘汰；管带式结构的传热效率能比管片式提高 15％～20％。目前最新出现的平流式也是一种管带式结构，它与普通管带式冷凝器的最大区别是：管带式只有一条自始至终呈蛇形弯曲的扁管，制冷剂只在这一条通道中流动而进行热交换，管道内空间未被充分利用，而且这种结构还增加了排气压力和压缩机功能。平行流冷凝器为目前流行的结构型式，它是适应新工质制冷剂 R134a 而研制的新结构冷凝器。它采用薄壁的扁管型材，壁厚只有 0.5mm，扁管间的间隙只有 8mm 左右，扁管间的翅片厚度只有 0.145mm，它与普通管带式冷凝器相比，优点在于：平行流冷凝器是在两条集流管间用多条扁管相连，将几条扁管隔成一组，形成进入处管道多，逐渐减少每组管道数，实现了冷凝器内制冷剂温度及流量分配均匀，提高了换热效率，降低了制冷剂在冷凝器中的压力损耗，这样可以减少压缩机功耗。由于管道内换热面积得到充分利用，对于同样的迎风面积，平行流冷凝器的换热量大大提高。这些改进极大程度地提高了空气侧和制冷剂侧的换热面积，这种新结构与管带式相比较，其放热性能提高了 30％～40％，通路阻力降低了 25％～33％，内容积减少了 20％，大幅度地提高了其放热性能。

6. 蒸发器

汽车空调中的冷凝器和蒸发器统称为换热器。换热器的性能直接影响汽车空调的制冷性能，而且其金属材料消耗大、体积大，重量占整个汽车空调装置重量的 50％～70％，布置困难，因此研制生产高效换热器极为重要。

由于汽车车厢空间小，对空调器尺寸有很大限制，为此要求蒸发器具有制冷效率高、尺寸小、重量轻的特点。蒸发器主要有管带式、管片式和层叠式三种结构。

四、设计验证

空调系统性能匹配设计结果需要通过关于空调系统的专项试验验证，具体可参照《汽车空调制冷系统性能道路试验方法》（QC/T658—2009），按照特性的环境温度、湿度和光照条件，在道路或“十”字挡风墙处进行，具体试验项目包括空调系统稳定工况降温性能试验、空调系统舒适性试验、空调系统变工况降温性能试验、空调制冷系统结霜试验、空调制冷系统压力试验等。在每项试验前要按照试验要求布置传感器，确保车辆在规定的试验条件下进行；试验过程中按要求记录数据。试验结束后与整车产品开发目标进行对比分析，对空调系统性能匹配结果进行评价，直到满足开发目标方可。

汽车空调压缩机、空调软管、空调风机等空调系统零部件可参照相应汽车行业标准进行试验验证和评价，在此不做赘述。

第三节　真空泵匹配设计

一、真空泵功能介绍

真空泵通过往复循环的运动产生一定的真空度，为整车提供真空助力，同时还可以为发动机提供相应的真空需求。柴油机的怠速提升装置和真空执行器需求的真空都来源于真空泵。

二、设计原则

要将涡旋机构的概念转化为实用的涡旋真空泵产品，必须解决下述关键技术问题：①改进密封、减少泄漏；②减小余隙、提高压缩比；③优化结构、提高可靠性；④简化生产加工工艺、降低对制造精度的要求、降低成本。在涡旋真空泵的设计当中要从泵的工作效率和可靠性出发，选择泵的结构参数。首先考虑的是泵的性能指标，如极限真空度、抽速、能耗、转速、体积、重量以及外部尺寸等；然后根据性能指标来确定泵的内部结构参数，如涡旋线型、基圆尺寸、涡旋壁厚、涡旋壁高和曲轴径向偏心量等；在实现了性能指标的基础上，再进行泵的整体优化，包括结构参数优化、泵体以及密封材料选择、轴承选择、表面处理与驱动电机的选配等。

1. 工作环境

真空泵是在整车制动过程中为整车提供真空助力的部件。它的工作环境为发动机舱，其工作环境相对恶劣，温度较高且灰尘大。

独立式真空泵与缸盖相连接，通过凸轮轴的转动带动真空泵的转动。现在常用的另外一种真空泵是装在发电机后端的，通过发电机的转动带动真空泵的转动。由于发电机的振动比较剧烈，该结构的真空泵的工作环境相对独立式真空泵恶劣。

2. 上下左右关联件关系

独立式真空泵一般安装在缸盖后端，与凸轮轴相连接。通过凸轮轴的转动带动真空泵的往复转动从而为整车持续不断地提供真空助力。独立式真空泵通过缸盖上的油口提供的润滑油进行润滑。

组合式真空泵连接在带泵发电机后端，与发电机同步转动。通过发电机的转动带动真空泵的转动。组合式真空泵通过与主油道连接的润滑油管进行润滑。

真空泵的输出端通过真空管与整车真空助力器及发动机上相应部件相连，通过管路将真空传递出去。

3. 种类介绍及选择

真空泵按其结构特点分为如下五种形式。

（1）旋片式真空泵

旋片式真空泵的转子以一定的偏心距装在泵壳内并与泵壳内表面的固定面靠近，在转子槽内装有两个（或两个以上）旋片，当转子旋转时旋片能沿其径向槽往复滑动且与泵壳内壁始终接触，此旋片随转子一起旋转，可将泵腔分成几个可变容积。旋片式真空泵属于低真空泵。它可以单独使用，也可以作为其他高真空泵或超高真空泵的前级泵。旋片式真空泵多为中小型泵，产品已经系列化。旋片式真空泵有单级和双级两种，一般多做成双级的，以获得较高的真空度。旋片式真空泵绝大多数是单工作腔结构，常用两个径向滑片，也有用三个斜置滑片的。

（2）滑阀式真空泵

滑阀式真空泵在偏心转子外部装有一个滑阀，转子旋转带动滑阀沿泵壳内壁滑动和滚动，滑阀上部的滑阀杆能在可摆动的滑阀导轨中滑动，而把泵腔分成两个可变容积。滑阀式真空泵的抽气原理与旋片式真空泵相似，但两者结构不同。滑阀式真空泵是利用滑阀机构来改变吸气腔容积的，故称滑阀泵。

（3）定片式真空泵

定片式真空泵在泵壳内装有一个与泵内表面靠近的偏心转子，泵壳上装有一个始终与转子表面接触的径向滑片，当转子旋转时，滑片能上、下滑动将泵腔分成两个可变容积。定片式真空泵抽速较小，有单级、双级之分，双级泵的极限真空可达10^{-1}Pa。定片式真空泵的结构简单、使用寿命较长和检修容易，但由于其工作性能不如旋片式真空泵，所以目前已经很少生产和应用。

（4）余摆线式真空泵

余摆线式真空泵在泵腔内偏心装有一个型线为余摆线的转子，它沿泵腔内壁转动并将泵腔分成两个可变容积。泵的动平衡性好，所以泵运转较平稳、振动亦小，转速可以提高，可以做到尺寸小、抽速大，适合发展为大抽速的机械真空泵。由于吸气管路短而粗，有利于提高低压力下的抽速。因此，在低压范围内（1～100Pa）余摆线式真空泵的抽速特性曲线优于滑阀泵。余摆线式真空泵的转子和泵体是一对共轭齿形副的啮合运动，所以对被抽气体中含有一定量的粉尘及小颗粒等不太敏感。余摆线式真空泵适应较高温度的工作环境，可以通过温控装置使泵腔保持较高温度（即成为余摆线热泵），用来抽除大量的可凝性水蒸气。

（5）多室旋片式真空泵

多室旋片式真空泵是在一个泵壳内并联装有由同一个电动机驱动的多个独立工作室的旋片真空泵。其工作原理是使泵腔工作室容积机械地增大和缩小而抽气。当泵腔内工作室容积变得最小时，与泵的入口管道连通，于是气体进入泵吸入腔，一直到吸入腔容积最大并重新与进气口分开时为止。当容积减少时，气体被压缩，直到气体的压力大于一个大气压，排气阀被打开，将气体排出。

选用真空泵时，需要注意下列事项：

（1）真空泵的工作压强应该满足真空设备的极限真空及工作压强要求。例如，真空镀膜要求 1×10^{5} mmHg 的真空度，选用的真空泵的真空度至少达到 5×10^{6} mmHg。通常选择泵的真空度要高于真空设备真空度半个到一个数量级。

（2）正确地选择真空泵的工作点。每种泵都有一定的工作压强范围，例如，扩散泵为 $10^{3}\sim10^{7}$ mmHg，在这样宽压强范围内，泵的抽速随压强而变化，其稳定的工作压强范围为 $5\times10^{4}\sim5\times10^{6}$ mmHg。因而，泵的工作点应该选在这个范围之内，而不能让它在 10^{8} mmHg 下长期工作。又如，钛升华泵可以在 10^{2} mmHg 下工作，但其工作压强应小于 1×10^{5} mmHg 为好。

（3）真空泵在其工作压强下，应能排走真空设备工艺过程中产生的全部气体量。

（4）正确地组合真空泵。由于真空泵有选择性抽气，因而，有时选用一种泵不能满足抽气要求，需要几种泵组合起来，互相补充才能满足抽气要求。如钛升华泵对氢有很高的抽速，但不能抽氦，而三极型溅射离子泵（或二极型非对称阴极溅射离子泵）对氩有一定的抽速，两者组合起来，便会使真空装置得到较好的真空度。另外，有的真空泵不能在大气压下工作，需要预真空；有的真空泵出口压强低于大气压，需要前级泵。故都需要把泵组合起来使用。

（5）不同的真空设备对油污染的要求不同。若设备严格要求无油时，应该选各种无油泵，如水环泵、分子筛吸附泵、溅射离子泵、低温泵等。如果要求不严格，可以选择有油泵，加上一些防油污染措施，如加冷阱、障板、挡油阱等，也能达到清洁真空要求。

（6）了解被抽气体成分，气体中是否含可凝蒸气，有无颗粒灰尘，有无腐蚀性等。选择真空泵时，需要知道气体成分，针对被抽气体选择相应的泵。如果气体中含有蒸气、颗粒及腐蚀性气体，应该考虑在泵的进气口管路上安装辅助设备，如冷凝器、除尘器等。

（7）真空泵排出来的油蒸气对环境的影响。如果环境不允许有污染，可以选无油真空泵，或者把油蒸气排到室外。

（8）真空泵工作时产生的振动对工艺过程及环境有无影响。若工艺过程不允许，应选择无振动的泵或者采取防振动措施。

（9）真空泵的价格、运转及维修费用。

4．材料、关键尺寸确定

涡旋盘副的材料选择是从降低能耗、提高可加工性等方面考虑的。为了进一步减小动涡旋盘和静涡旋盘的磨损、降低泵的能耗、提高可加工性，确定选择合金铸铝为动涡旋盘和静涡旋盘基材，经过适当的加工和表面处理后，在高速相对运动条件下能够耐高温、耐磨和自润滑，保证实现泵的性能指标。

真空泵的安装尺寸主要由其相关联部件决定，也可以先选取真空泵再对相匹配部分进行设计。

三、设计步骤

1. 三维模型思路及方法

真空泵的三维模型主要来源于厂家，汽车工程师主要是进行装配上的布置，不进行内部结构的设计。图 13－9 是某款柴油发动机所用的独立式真空泵的外观。

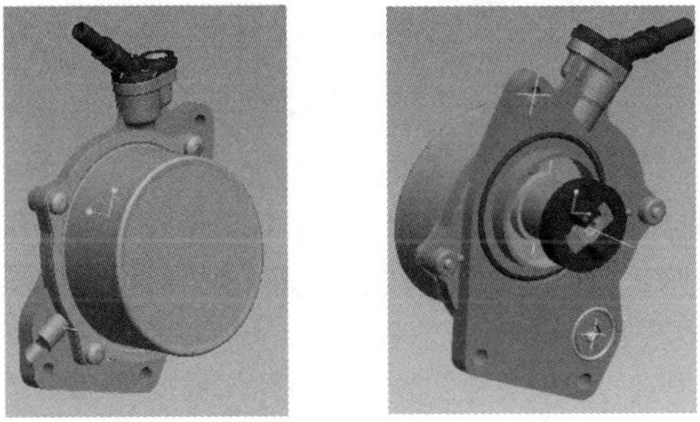

图 13－9　独立式真空泵外观图

发动机设计过程中需要关注相关部件（如缸盖、凸轮轴）与真空泵的接口匹配，确保真空泵可有效驱动、安装固定和密封。图 13－9 所示的真空泵采用的是端面密封，利用真空泵上自带的 O 形橡胶圈进行密封。

2. 设计检查

设计完三维模型后需要在整机三维上进行关联性和结构性的检查。同时注意要在整车三维上验证与整车接口安装是否方便可行。

真空泵设计完成后，需要结合制动系统计算结果，校核真空泵性能是否满足制动系统要求，若不能满足制动系统设计要求，需要重新进行选型和设计工作。

四、设计验证

完成真空泵的设计后，进行样件试制工作，在试制装配过程中验证设计的合理性。确保真空泵与周围部件装配的合理性，使之与相匹配部件配合可靠，没有漏油等现象的发生；确保真空泵可以正常工作并能为整车提供真空助力。

样件必须装配整车验证并确保在整车 30000km 道路试验过程中工作正常，不出现损坏等现象。

第四节　空气压缩机匹配设计

一、功能介绍

1. 空气压缩机的组成

空气压缩机简称空压机，主要为汽车制动系统提供高压气体。空压机主要由曲轴、连杆、活塞、阀座板、缸盖、机体构成。在气压制动回路中，主要包括空压机、储气罐、单向阀、安全阀、进气管路、排气管路等。图 13-10 是典型的气压制动系统简图。

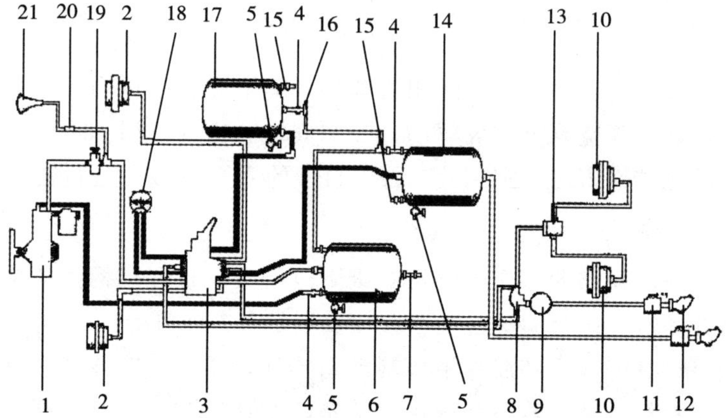

图 13-10　典型的气压制动系统示意图

1—空气压缩机；2—前制动气室；3—双腔制动阀；4—储气罐单向阀；5—防水阀；6—湿储气罐；7—安全阀；8—梭阀；9—挂车制动阀；10—后制动气室；11—挂车分离开关；12—接头；13—快放阀；14—主储气罐（供前制动器）；15—低压报警器；16—取气阀；17—主储气罐（供后制动器）；18—双针气压表；19—调压器；20—气喇叭开关；21—气喇叭

2. 空气压缩机的功能

在车辆气制动系统中，空压机是提供和保持具有一定压力的空气来操作空气制动和辅助空气系统的装置。空压机是由发动机来驱动的。在车辆气制动系统中，空压机是必不可少的制动气源件。气制动在中型、重型客（货）车上有着广泛的应用，轻型客（货）车也有一定的应用。空压机正常工作是车辆安全运行的基本保障。

3. 空气压缩机的结构及工作原理

活塞式空气压缩机由曲柄－连杆机构将输入的扭矩－曲轴的旋转运动转换为活塞的直线往复运动，如图 13－11 所示。

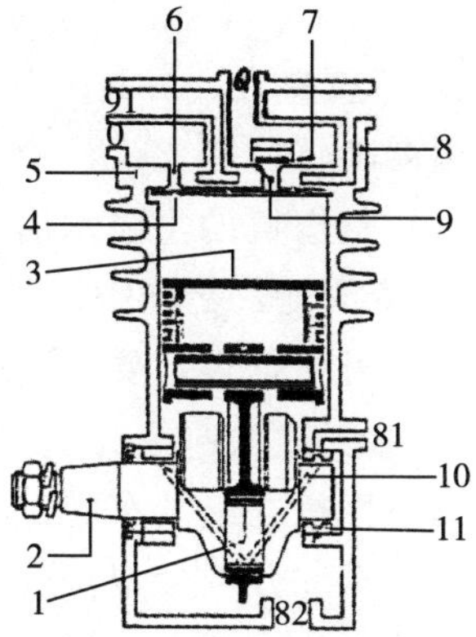

图 13－11　空压机结构图

1－连杆瓦；2－曲轴；3－活塞；4－进气阀片；5－阀座板；6－进气口；7－排气阀片；8－缸盖；9－排气口；10－润滑油孔；11－轴承；81－润滑油口；82－回油口

当活塞 3 下行时，在进气阀片 4 与活塞顶之间形成一个空间，当空间的压力低于大气压及进气系统形成的阻力时，进气阀片 4 开启，进气口 6 打开，使空气进入气缸体，完成吸气过程。当活塞上升时，进气阀片 4 关闭，使空气被压缩，当压力大于排气腔的压力时，排气阀片 7 开启，排气口 9 打开，使压缩空气进入排气腔，通过与空压机排气口相连接的管路进入储气罐。润滑油入口 81 与发动机的润滑系统相连，连杆瓦通过曲轴的油孔 10 供油（压力润滑），曲轴高速旋转的离心力作用将润滑主轴瓦及连杆瓦的油滴或油雾甩至缸壁等其他所有的润滑部位。润滑油通过回油口 82 回流到发动机的油底壳中。曲轴每转动一周，完成一个工作循环。

二、设计原则

1. 空压机的主要性能参数及主要技术术语

（1）空压机主要性能参数

① 标定排气压力 P_e：适于配套主机要求的最高工作压力（表压）。

② 标定转速 n_e：适于配套主机要求的最高工作转速。

③ 标定排气量 Q_e：在标定工况下适于配套要求的最小排气量。

④ 标定轴功率 N_e：在标定工况下实际消耗的最大功率。

⑤ 容积比能（比功率）$q_{空}$：生产单位容积压缩空气时所消耗的能量，其值按式（13－7）计算：

$$q_{空}=\frac{N_e}{Q_e} \tag{13-7}$$

⑥ 速度特性：在排气压力恒定的条件下，空压机的排气量、轴功率和排气温度随转速变化。

（2）空压机的主要术语

① 清洁度：是指空压机内腔杂质及污物的重量。分为解体和不解体两种方式，可根据客户要求进行，常用的是不解体法。

② 上气速度：是为适应车间大批量生产，衡量排气量的一个间接指标，即空压机在组装车间试车台上低速磨合后，在额定转速下，储气筒压力由 0.1MPa 升至额定排气压力（0.8MPa）所需的时间。

③ 气密性：空压机向 10L（20L）储气筒充气至 0.8MPa 时停机，在 1min（2min）内储气筒中的压力降（不得大于 0.02 MPa）。

④ 随气排油量：空压机空负荷运转，用试纸距排气口 50mm 处停留 1min，试纸上无油迹或有雾状或微小点状油迹为合格，否则认为该空压机有“排油”故障。实验室可通过用滤纸收集并称重的方法测量随气排油量。

2. 空压机的工作环境

空压机安装在发动机排气歧管附近，受高温度影响，并且它在压缩空气时也产生高温。空压机自身的体积较大，布置在发动机的侧面，造成发动机宽度方向的空间较小。因此，空压机的使用中要满足以下五个方面的要求。

（1）空压机的润滑

空压机的润滑一般来自发动机的润滑系统，压力油从空压机进油口进入，润滑主轴瓦及连杆瓦等部位，再通过空压机的回油口回到发动机的油底壳中。

高速运转的空压机（如3000r/min），供油压力应在0.3MPa以上，低转速的空压机最低油压可以小些，但不能低于0.1MPa（在空压机进油处测量），当发动机的油温达到最高时，由于内泄很可能造成压力不足，应予以重视。

空压机的回油无论是皮带传动，还是法兰连接齿轮传动，都回到发动机的油底壳，当用管路来实现空压机的回油时，应充分注意管路布置及各接头的合理性，管路尽可能短，管内径尽量粗（一般在12mm以上），管路要向下倾斜，无U形弯，接头尽可能少，这些主要是防止润滑油不能顺利低回到发动机，使空压机曲轴箱内油位过高，从而产生随气排油现象。

（2）空压机的排气及冷却

空压机的使用温度应该引起足够重视。一般在排气口处测得的排气温度不应该超过200℃，最高不应超过220℃，如果超过最高温度应该采取措施将温度降下来。

空压机的冷却是其正常工作的重要条件之一。风冷空压机一般要求冷却风速为5～6mm/s，如果空压机的转速高，环境温度高，风冷条件差，应考虑选用液冷空压机（如发动机后置）。液冷空压机的冷却液流量是：水冷＞5L/min，油冷＞6L/min。水冷空压机安装时应考虑顺利放水问题，否则可能会造成空压机冻裂。

考虑空压机的排气压力及温度，建议空压机的排气管使用金属管并有足够的长度，防止高温、高压气体对连接部件的损害。

（3）空压机的进气

空压机进气的清洁度是极为重要的，建议让空压机和发动机共用一个空气滤清器，便于保证空气滤清的效果，同时应注意空压机进气管与空气滤清器的可靠连接。这种布置尤其在粉尘多（如路况不好，发动机后置等）的场合显得更为重要。

由于结构、空间的限制，空压机本身配置的空气滤清器一般仅适用于较清洁的使用环境。其滤芯有铁制和多孔塑料两种，塑料滤芯不能用于进气温度高或使用进气卸荷机构的空压机，塑料滤芯常规使用下的温度一般在55℃，短时使用可允许达到80℃。

空压机进气通畅也是很重要的，进气不畅主要是由于空气滤清器及进气管路的阻力造成的（尤其是对于应该保养的空气滤清器）。进气管的内径和长度的选择要保证最终进气口处的负压最大不超过 500mmH_2O。

(4) 空压机的卸荷

空压机的正常工作循环应该是泵气一卸荷一泵气，没有卸荷过程的空压机寿命是不会长久的。一般情况下，当气路没有异常泄漏时卸荷与泵气的时间比各为 50%是可以接受的，卸荷时间过短说明排气量与耗气量比例不对，应该选用排量大一些的空压机。

空压机进气卸荷是空压机缸盖的卸荷装置配合车辆气压调节器来实现的，正确的压力调节（推荐 0.65～0.8MPa），可延长空压机的寿命。

空压机的排气卸荷是由串联在气路中的卸荷阀或空气干燥器来实现的(空气干燥器的使用有上升趋势)。卸荷阀具有单向逆止、气压调节、定压卸荷及自动排污功能。干燥器具有单向逆止、干燥空气、气压调节、定压卸荷及自动排污功能。卸荷阀、干燥器的工作性能直接影响空压机的使用寿命。

应特别注意，在配装干燥器的气路中，空压机与干燥器之间应装湿气筒，以缓解冷凝水（油）对干燥器的危害。

(5) 空压机的使用压力要求

空压机的使用压力一般不超过 0.85MPa，否则将影响空压机的使用寿命。正确使用空压机，使其在正常工况下运行，是延长空压机的使用寿命和可靠地进行工作的必要条件。

3. 上下左右关联件关系

图 13－12 为某气制动柴油机齿轮传动的空压机。通过驱动固定在空压机曲轴上的齿轮来带动空压机运转。空压机的安装：首先将空压机密封圈 2 放在空压机组件 1 的密封槽内，然后通过四个螺栓 3 将空压机组件 1 安装到正时齿轮室 7 上，再拧下空压机大螺栓、平垫 5，将空压机驱动齿轮 6 安装到空压机组件 1 的曲轴上，最后将空压机大螺栓、平垫拧紧。

空压机与各关联件的配合关系如下。

(1) 空压机与齿轮室的配合关系：空压机通过四个 M8－25 的螺栓固定到发动机正时齿轮室的后端面上，空压机的位置度由空压机上的 $\phi110_{-0.074}^{0}$ 轴头和正时齿轮室上 $\phi110H7_{0}^{+0.035}$ 机加工孔的间隙配合来保证。

(2) 空压机与空压机密封圈的配合关系：空压机密封圈套在空压机 $\phi110_{-0.074}^{0}$ 轴的轴上，空压机的安装面上加工了深 $1.9_{0}^{+0.1}$、宽 3.8±0.1 的密封圈槽。当空压机螺栓拧紧时，密封圈被空压机和齿轮室压扁以起到密

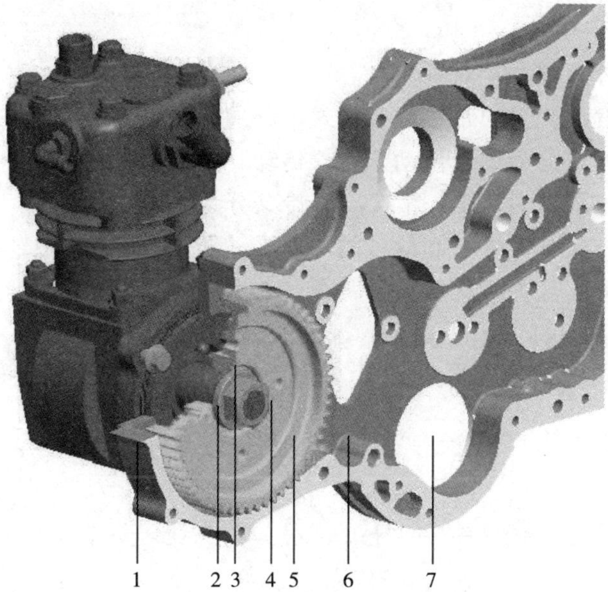

图 13-12　空压机三维装配图

1—空压机组件；2—空压机密封圈；3—空压机安装螺栓；4—空压机曲轴；
5—空压机大螺栓、平垫；6—空压机驱动齿轮；7—正时齿轮室

封效果。

（3）空压机与空压机驱动齿轮的配合关系：空压机齿轮固定在空压机曲轴上，利用锥度 1∶5 的锥面来配合，通过曲轴中心螺母将齿轮压紧到曲轴上。

（4）空压机与进出气管、进出水管、进油管的连接：空压机的进出气管、进出水管连接在空压机缸盖上，一般采用锥螺纹或直螺纹与空压机缸盖连接。空压机进油管连接在空压机缸体上用于润滑曲轴、连杆、活塞等运动副。

空压机的布置原则如下：

（1）易于检修。空压机是制动系统的重要部件，在发动机上的检修是经常发生的，因此，在发动机总体布置时应充分考虑空压机的检修问题。

（2）水冷时注意回水位置。空压机的冷却水路主要在空压机缸盖、阀座板、缸体内，在发动机放水时应确保空压机的冷却水放干净。

（3）空压机轴向仰角不大于 10°。

4. 空压机种类

按结构分为单缸、双缸。

按其在发动机上的布置分为立式、卧式。

按传动方式分为皮带传动、齿轮传动、花键传动。

按冷却方式分为风冷、液冷，液冷又分为水冷和油冷。

按卸荷方式分为进气卸荷（阀片不再工作）、排气卸荷。

按阀片形式分为板状阀、舌簧阀（效率高，适于高速）。

5. 空压机材料、关键尺寸的确定

图 13 - 13 是一款皮带传动、液冷的空压机的结构示意图。

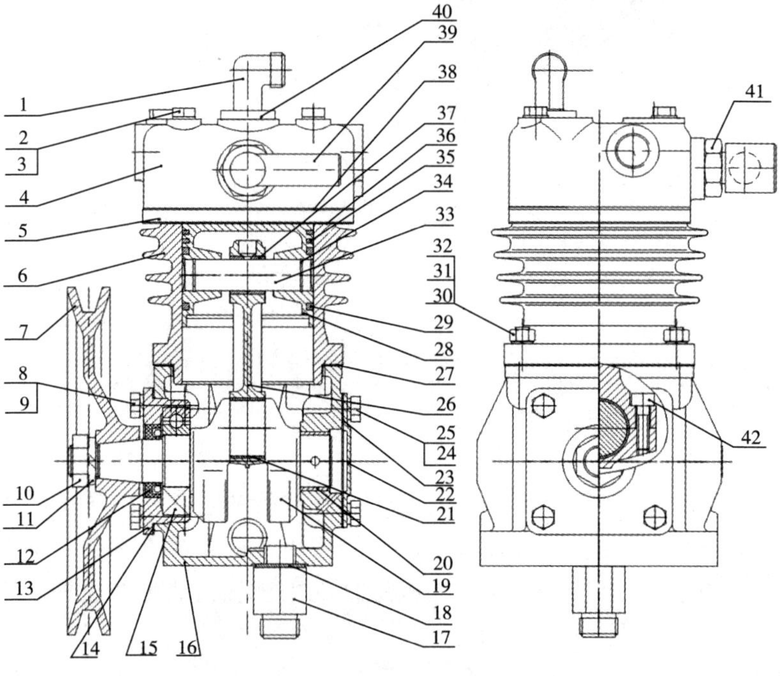

图 13 - 13　皮带传动空压机结构图

1—弯接头、出气管；2—缸盖螺栓；3—缸盖螺栓垫；4—缸盖；5—阀底板；6—气缸体；7—皮带轮；8—六角头螺栓；9—轻型弹簧垫圈；10—曲轴螺母；11—轻型弹簧垫圈；12—油封PD25×42×10；13—前盖；14—前盖垫；15—液动轴承；16—曲轴箱；17—回油接头；18—紫铜垫圈；19—曲轴；20—主轴承；21—连杆瓦；22—后盖；23—后盖垫；24—六角头螺栓；25—轻型弹簧垫圈；26—连杆总成；27—曲轴箱垫片；28—活塞；29—油环；30—缸体丝对；31—螺母；32—弹簧垫圈；33—活塞销；34—挡圈；35—气环；36—缸体垫片；37—连杆衬套；38—缸盖垫片；39—进气管总成；40—过渡接头；41—六角螺母；42—连杆螺钉空压机主要部件有机体、缸盖、阀座体、曲轴、活塞、连杆等，一般机体为铸铁件，缸盖为铝合金件，阀座体为铸铁，曲轴为铸钢，活塞为铝合金，连杆为铸钢。

空压机设计的主要关键尺寸为 $\phi 110\,^{0}_{-0.074}$ 安装轴头的配合孔的位置度，四个螺栓孔决定空压机的安装倾斜角。皮带传动的空压机位置要求不高，齿轮传动的空压机的位置度由齿轮室上空压机的安装孔 $\phi 110\text{H7}\ (^{+0.035}_{0})$ 位来确定。空压机的曲轴轴头安装尺寸如图 13-14 所示。

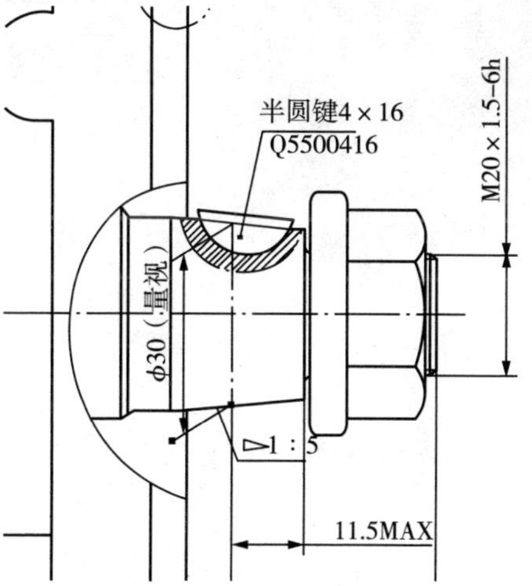

图 13-14　空压机曲轴轴头尺寸

6. 同类机型关键尺寸

空压机主要的性能参数为缸径和行程，亚新科美联的空压机系列主要有（缸径×行程）：65×38，75×38，82×38，82×46，90×38，90×46，90×50 等。在每个系列中，由于传动方式、冷却方式、结构、卸荷方式、阀片型式等的不同又分成若干个分支。

三、设计步骤

1. 三维模型思路及方法

空压机的三维设计主要考虑以下几点：

（1）安装结构及尺寸

通过齿轮或花键传动的空压机通常采用螺纹连接的固定方式，主要考虑安装面、密封圈槽、定位轴、螺纹安装孔，如图 13－15 所示。

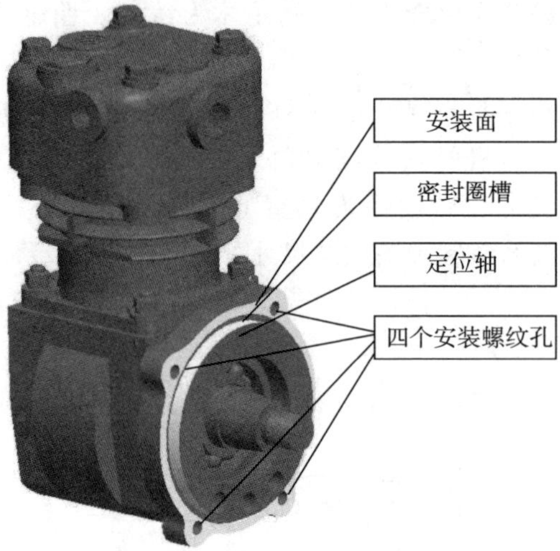

图 13－15　空压机三维模型图

（2）连接尺寸

连接尺寸主要是齿轮连接的安装尺寸。

（3）外形轮廓

外形轮廓是空压机安装后整个发动机紧凑性的保证。空压机在某柴油机柴油机上的布置位置如图 13－16 所示。

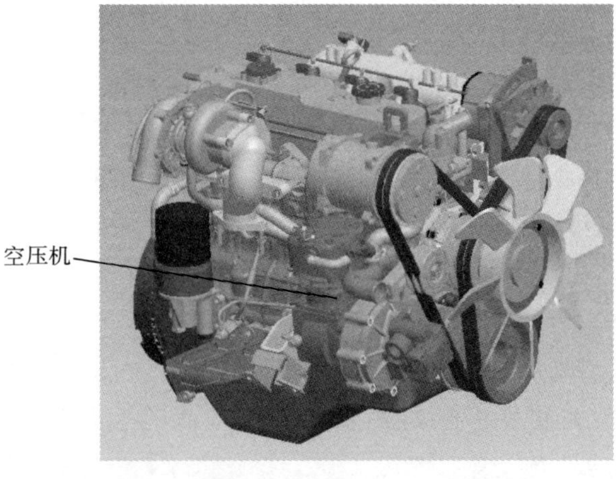

图 13－16　空压机布置在柴油机上位置图

（4）空压机进出水管、进出气管、进出油管的接口布置

空压机的进出水管、进出气管、进出油管的接头布置要考虑整个发动机的水路、气路、油路的走向，布置要紧凑美观。空压机接口如图 13－17所示。

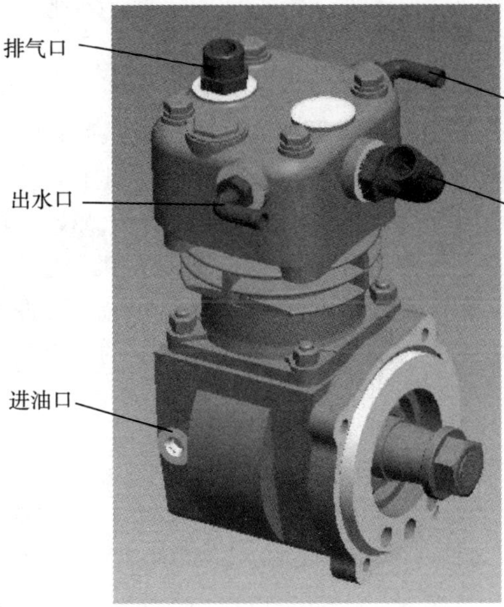

图 13－17　空压机及其接口

2. 经典计算

空压机的供应商通常生产一系列的空压机供整车厂家选配，设计时需要根据整车的用气量来确定需要选择的空压机的缸径和行程，因此空压机的选择通常由整车部门确定。

3. 设计检查

（1）空压机应按照规定程序批准的图样及设计文件制造。

（2）空压机性能参数要满足整车规定。

（3）由于空压机的体积较大，安装位置要考虑整车预留的空间位置，并保证与发电机、空调压缩机、喷油泵、发动机悬置等零部件的合理布置，保证空压机安装后与其他零部件无干涉。

（4）空压机应能在周围介质温度－40℃～95℃和相对湿度不大于90％的条件下工作。

（5）批量生产的同型号的空压机的可拆零部件应具有互换性。

四、设计验证

验证内容如下：

（1）厂家发货前，应进行下列试验：－40℃条件下历时2h的低温试验；－40℃与95℃条件下历时五个循环的温度变化试验；95℃条件下历时2h的高温试验，历时两个循环的交变湿热试验，历时16h的盐雾试验。试验后，恢复至室温，空压机空载与制动性能应符合产品技术条件。

（2）出厂前厂家应进行耐久性试验：汽油发动机用空压机30000次，柴油发动机用空压机15000次，经耐久性试验后，空压机的额定功率性能参数允许下降15％或在ZB T35001中第3.2条规定的环境条件下能启动发动机。

第十四章　电控系统匹配设计

汽车电子控制系统基本由传感器、电子控制器（ECU）、驱动器和控制程序软件等部分组成，与车上的机械系统配合使用（通常与动力系统、底盘系统和车身系统中的子系统融合），并利用电缆或无线电波互相传输讯息，即所谓的“机电整合”，如电子燃油喷射系统、制动防抱死控制系统、防滑控制系统、电子控制悬架系统、电子控制自动变速器、电子助力转向等系统的整合。

汽车发动机匹配设计过程中需要对电控系统功能、电气参数和电源输入进行详细的定义，同时，为了更好地开展后续的设计工作，需要对零部件的状态和归属关系、技术参数进行详细的定义。下面从 ECU 功能需求、电气参数定义、电源输入管理、零部件状态描述、零部件技术参数几个方面，对电控系统匹配设计过程中需要重点关注的内容进行梳理。

一、ECU 功能需求

在发动机电控系统选型前，发动机设计部门与整车设计部门一起确定 ECU 功能，ECU 开发责任方与电控系统供应商对接，选择满足整车功能需求的 ECU。在进行 ECU 功能定义时，除了考虑现有车型必要的功能，还需要考虑后续车型可能有的功能需求，并为保持一定的技术先进性做好准备。ECU 功能方面的需求如表 14－1 所列。

表 14－1　ECU 功能需求表

<table>
<tr><th>序号</th><th>ECU 功能描述</th><th>有/无</th><th>需求描述</th></tr>
<tr><td>1</td><td>空调控制功能</td><td></td><td rowspan="2">空调控制说明文档（包括输入输出控制信号）</td></tr>
<tr><td>2</td><td>空调控制的输入信号</td><td></td></tr>
<tr><td>3</td><td>发动机水温输出方式</td><td></td><td rowspan="2">①2D 图纸和三维数模；②传感器输入输出曲线和特性参数；③产品装调和使用说明书</td></tr>
<tr><td>4</td><td>发动机转速输出方式</td><td></td></tr>
</table>

（续表）

序号	ECU功能描述	有/无	需求描述
5	发动机冷却风扇控制功能		冷却风扇控制说明文档（包括输入输出控制信号）
6	助力转向相关的功能		①动力转向控制方式说明；②动力转向控制对ECM功能需求
7	电器负载相关的功能		①电器负载类型（大灯、鼓风机）；②输出信号类别（开关信号，高或低有效，PWM信号要提供信号计算方法）
8	与自动变速箱相关的功能		①对ECM通信需求说明；②对发动机扭矩、转速控制需求
9	ESP/ASR/ABS/ESC相关的功能		①底盘安全控制器类型；②底盘安全控制器使用手册；③底盘安全控制器连接原理图和通信匹配协议
10	CAN通讯功能		①CAN通信协议；②对ECM CAN通讯详细说明
11	瞬时油耗功能		①瞬时油耗功能说明；②瞬时油耗输出信号类型及计算方法
12	碰撞断油功能		①碰撞断油功能说明；②碰撞断油输出信号类型及计算方法
13	巡航控制功能		
14	发动机防盗功能		①发动机防盗功能需求说明；②防盗器产品使用手册；③防盗器连接原理图和通信匹配协议
15	是否具有起停功能		
16	是否具有起动机控制功能		①起动机控制策略说明文档；②起动机控制原理图

（续表）

序号	ECU 功能描述	有/无	需求描述
17	是否具有发电机控制功能		①发电机控制策略说明文档；②发电机控制原理图
18	是否具有起动马达辅助的直接启动功能		
19	混合动力		
20	故障指示等		MIL 或 MIL＋SVS
21	诊断接口通信协议规范要求		KW2000 或 High－Speed CAN 或其他
22	生产线检测通信协议		KW2000 或 High－Speed CAN 或其他
23	售后服务 ECM 标定数据刷新通信协议		KW2000 或 High－Speed CAN 或其他
24	新增功能定义		

二、电气参数定义

在电控系统选型前，除了 ECU 功能需求的定义，还需要对电气参数进行定义；此部分参数也需要由发动机设计部门与整车设计部门一起讨论确定。具体如表 14－2 所列。

表 14－2　电气参数定义表

序号	参数描述	有/无	需求描述	
1	空调请求开关信号		高有效	低有效
2	空调开启时发动机怠速转速			
3	空调蒸发器温度传感器是否接入 ECM			

（续表）

序号	参数描述	有/无	需求描述	
4	空调开启/关闭对应蒸发器温度及电阻值		开启时蒸发器温度（℃）； 电阻值（kΩ）	
			开启时蒸发器温度（℃）； 电阻值（kΩ）	
5	空调压力传感器是否接入 ECM		高有效	低有效
6	空调系统中压开关是否接入 ECM		高有效	低有效
7	空调系统中压开关压力范围			
8	空调高低压开关是否接入 ECM		高有效	低有效
9	空调请求开关与高低压开关		串联	并联
10	开启空调时启动何种风扇		低速风扇；高速风扇；空调冷凝器风扇	
			单级风扇	
11	冷却风扇控制形式		机械式	电动式 （单速；双速）
			PWM 控制	控制频率（Hz）
12	低速风扇启动/停止水温			
13	高速风扇启动/停止水温			
14	ECM 的车速信号来源		车速传感器	
			ABS 轮速传感器［磁电式；霍尔式，每转　脉冲］	
			仪表；确认是否由 ABS 取信号	
			CAN	

（续表）

序号	参数描述	有/无	需求描述	
15	转向助力		电子动力转向	
			液压动力转向	
			开关量信号接入 ECM［高有效；低有效］	
			传感器压力信号接入 ECM	
			信号不接入 ECM	
16	刹车开关是否接入 ECM		刹车灯一路接入；刹车灯和开关两路输入	
17	离合器开关是否接入 ECM		高有效	低有效
18	主继电器是否接入 ECM			
19	其他电器负载是否接入 ECM		大灯［高有效；低有效；CAN］	
			鼓风机［高有效；低有效；CAN］	
			其他：负载名称［高有效；低有效；CAN］	
20	CAN 通讯		汽车显示仪表；TCM；BCM；ESP；ABS	
21	ESP/ASR/ABS/ESC 配置状态			
22	ESP/ASR/ABS/ESC 供应商及型号			
23	颠簸路面检测信号输入方式		ABS 控制器输入到 ECM［通过 CAN；Pin to Pin 的方式］	
			轮速传感器直接输入 ECM［轮速传感器型式磁电式；霍尔式］	
			加速度传感器输入 ECM	
			节流阀体位置传感器输入 ECM	

（续表）

序号	参数描述	有/无	需求描述
24	燃油箱油位传感器信号输出		
25	其他		

三、电源输入管理

电源输入管理也是电控系统必须明确的需求，在电控系统选型前，由发动机设计部门与整车设计部门一起讨论确定。具体参数如表 14－3 所列。

表 14－3　电源输入管理参数表

序号	电源输入描述	需求描述			
1	空调离合器继电器电源输入	主继电器	点火开关	蓄电池直接供电	无
2	风扇继电器电源输入（单级风扇）	主继电器	点火开关	蓄电池直接供电	无
3	低速风扇继电器电源输入	主继电器	点火开关	蓄电池直接供电	无
4	高速风扇继电器电源输入	主继电器	点火开关	蓄电池直接供电	无
5	油泵继电器电源输入	主继电器	点火开关	蓄电池直接供电	无
6	碳罐电磁阀电源输入	主继电器	点火开关	蓄电池直接供电	无
7	氧传感器电源输入	主继电器	点火开关	蓄电池直接供电	无
8	点火线圈电源输入	主继电器	点火开关	蓄电池直接供电	无
9	喷油器电源输入	主继电器	点火开关	蓄电池直接供电	无
10	氧传感器加热电路电源输入	主继电器	点火开关	蓄电池直接供电	无
11	油泵电源输入	主继电器	点火开关	蓄电池直接供电	无
12	风扇电源输入	主继电器	点火开关	蓄电池直接供电	无
13	电喷系统对电源分配的处理要求	主继电器	点火开关	蓄电池直接供电	无
14	其他				

四、零部件状态描述

在电控系统匹配过程中，各电控系统零部件的状态定义是十分必要的。对电控系统各零部件状态进行描述，可以明确具体项目中各零部件的型式（型号），也可以明确其归属和安装位置。此部分参数需求由发动机设计部门与整车设计部门一起讨论确定。具体描述参数如表 14－4 所列。

表 14－4　零部件状态描述参数表

序号	零部件名称	型式（型号）	安装位置	备　注
1	ECU			提供整车：(1) 2D 图纸；(2) 布置和装配要求；(3) 使用范围
2	ECU 支架			一般归属整车
3	水温传感器			归属发动机
4	爆震传感器			归属发动机
5	碳罐电磁阀			归属发动机
6	宽域型前氧传感器			提供整车：①2D 图纸；②布置和装配要求；③使用范围
7	氧传感器			提供整车：①2D 图纸；②布置和装配要求；③使用范围
8	曲轴位置传感器			提供整车：①2D 图纸；②布置和装配要求；③使用范围
9	凸轮轴相位传感器			归属发动机
10	进气歧管压力温度传感器			归属发动机
11	增压压力传感器			归属发动机
12	点火线圈			归属发动机
13	ECM			归属发动机
14	电子节气门			归属发动机
15	电子水泵			归属发动机

（续表）

序号	零部件名称	型式（型号）	安装位置	备　注
16	放气阀			归属发动机
17	涡轮增压控制阀			归属发动机
18	OCV 阀			归属发动机
19	高压油泵			归属发动机
20	燃油导轨			归属发动机
21	进气温度传感器			提供整车：①2D 图纸；②布置和装配要求；③使用范围
22	真空助力传感器			整车
23	车速传感器			整车
24	动力转向泵开关			整车
25	离合器请求开关			整车
26	巡航开关			整车
27	空调请求开关			整车
28	电子防盗器			整车
29	ESP/ABS/ESC			整车
30	机油压力传感器			归属发动机
31	GCU			归属发动机
32	其他			

五、零部件技术参数需求

针对电控系统主要零部件，需要对详细参数进行定义。电控零部件主要包含开关类、传感器类、执行器类和线束类。此部分参数需要由发动机设计部门与整车设计部门一起讨论确定。具体参数需求如表 14－5 所列。

表 14－5　零部件技术参数需求表

序号	零部件类型		参数需求
1	开关类	巡航开关	①开关类型原理说明；②开关规格和线路图
2		空调请求开关	空调控制说明文档（包括输入输出控制信号）
3		刹车开关	②开关类型及工作原理说明；②开关规格和线路图
4		动力转向泵开关	①开关类型及工作原理说明；②开关规格和线路图
5		离合器请求开关	①开关类型及工作原理说明；②开关规格和线路图
6		其他	
7	传感器类	进气温度传感器	①特性参数（输入输出曲线）；②2D图纸；③装配要求；④接口电路；⑤使用范围
8		真空助力传感器	①特性参数（输入输出曲线）；②2D图纸；③装配要求；④接口电路；⑤使用范围
9		车速传感器	①特性参数（输入输出曲线）；②2D图纸；③装配要求；④接口电路；⑤使用范围
10	传感器类	燃油温度传感器	①特性参数（输入输出曲线）；②2D图纸；③装配要求；④接口电路；④使用范围
11	执行器类	电子风扇	①风扇类型；②风扇的控制要求；③接口电路；④使用范围
12		空调压缩机	①风扇类型；②风扇的控制要求；③接口电路；④使用范围
13		其他	
14	线束	线束接口定义	按线束接口定义表填写
15			①2D图纸；②3D数模

第十五章 汽车发动机匹配设计新趋势

近年来，随着科学技术的不断发展，越来越多的新技术在汽车上得到应用，这对整车匹配设计也提出了新的挑战。

在汽车发展过程中，汽车的功能不断增加，汽车的结构变得越来越复杂，汽车的零部件数量不断增多，因此汽车匹配设计的难度不断增加。下面简要分析汽车发展新趋势对匹配设计特别是对汽车发动机匹配设计带来的影响。

一、混合动力汽车匹配设计

混合动力汽车不仅需要考虑发动机与变速箱的匹配、动力总成与整车的匹配，根据混合动力技术的不同，还需要考虑混合动力系统在动力总成内部的匹配关系。根据 QC/T 837《混合动力电动汽车类型》的定义，按照混合度划分，混合动力电动汽车分为微混合型混合动力电动汽车（micro hybrid electric vehicle）、轻度混合型混合动力电动汽车（mild hybrid electric vehicle）和重度混合（强混合）型混合动力电动汽车（full hybrid electric vehicle）。三种型号的混合动力汽车的具体区分如下：

（1）微混合型混合动力电动汽车是以发动机为主要动力源，电机作为辅助动力，具备制动能量回收功能的混合动力电动汽车。电机的峰值功率和总功率的比值小于10％。仅具有停车怠速停机功能的汽车也可称为微混合型混合动力电动汽车。

BSG 技术路线的 48V 系统汽车，根据电机峰值功率和总功率的比值，部分属于微混合型混合动力电动汽车。

（2）轻度混合型混合动力电动汽车是以发动机为主要动力源，电机作为辅助动力，在车辆加速和爬坡时，电机可向车辆行驶系统提供辅助驱动力矩的混合动力电动汽车。一般情况下，电机的峰值功率和总功率的比值大于10％。

ISG 技术路线的 48V 系统汽车，根据电机峰值功率和总功率的比值，部分属于轻度混合型混合动力电动汽车。

（3）重度混合（强混合）型混合动力电动汽车是以发动机和或电机作为动力源，一般情况下，电机的峰值功率和总功率的比值大于 30%，且电机可以独立驱动车辆正常行驶的混合动力电动汽车。

P2 技术路线的汽车，根据电机峰值功率和总功率的比值，部分属于重度混合型混合动力电动汽车。

混合动力电动汽车匹配过程中需要重点关注的内容如下：

停车怠速停机功能的汽车，同传统汽车的区别是增加了停车怠速停机功能，主要通过增强型起动机或起发一体式电机来实现的。在匹配设计过程中，需要重点关注增强型起动机或起发一体式电机性能、外形尺寸、接头尺寸方面的内容。性能方面主要关注其起动次数相对传统汽车有显著提升，以及对耐久性能要求的提高和怠速起停过程中噪声方面的影响。外形尺寸方面主要关注其体积增大对周边间隙的影响，避免因设计校核阶段的疏忽而导致试制验证阶段的设计变更。接口尺寸方面主要关注包括外形尺寸的变更对安装尺寸的变更和电器接插件匹配的影响。对于停车怠速停机功能的汽车，需要关注的另一重要部件为蓄电池，由于整车全生命周期中起动次数显著增加，对蓄电池寿命带来严峻挑战，若不对蓄电池进行针对性设计，将大大降低蓄电池使用寿命。

48V 系统技术汽车，相对传统汽车增加了 BSG 或 ISG 电机、动力电池、DCDC、控制器等部件。在匹配设计中，首先需要考虑各部件的性能对整车性能的影响，特别要考虑 BSG 或 ISG 电机在车辆起步阶段对车型起步性能的贡献及起步阶段与发动机性能的匹配关系；其次，需要考虑各部件的布置，一般来说，BSG 或 ISG 电机布置在机舱内，需要考虑其安装空间、接口尺寸和运动干涉、热害性能等方面的因素。动力电池根据布置需要放置在机舱内或乘员舱内，动力电池布置过程中需要同步考虑空间要求和电池冷热特性实现。为了保持良好的性能，在高温条件下需要做好动力电池的降温工作，在低温条件下需要使动力电池的快速升温；若动力电池布置在乘员舱内，特别需要关注其安全防护。

P2 技术汽车，在匹配设计过程中首先需要解决的是 P2 电机的布置和接口匹配、性能匹配等问题。P2 电机布置在发动机后端、变速箱前端，因此，重点需要关注其与发动机和变速箱的物理接口匹配关系。P2 电机作为整车驱动的重要动力源，其性能对整车性能有重要影响，在匹配设计过程中，需要对 P2 电机与发动机双动力源作用下的整车性能进行详细的计算，以便做好 P2 电机的选型。

二、智能网联汽车匹配设计

随着智能网联技术的发展，整车智能化水平越来越高，发动机也在适应智能化的需要进行相应的升级工作。智能网联汽车匹配设计过程中，重点关于新功能零部件的布置、接口匹配、信号通信与匹配、软件功能开发、EMC 电磁干扰等方面问题。为了适应整车智能化和网联化，必然增加很多新的零部件，这些零部件在车内和机舱内的物理布置需要考虑，不仅需要关注其物理空间的问题，还需要关注其受热害热辐射的影响，以及控制线束的布置和固定是否满足零部件本身的安装和布置要求等多方面的因素。智能化和网联化方面新增的零部件大多带有电器接口，在进行线束设计时需要考虑接口的匹配和信号通信与匹配，这样才能确保装配后相关功能正常的实现。智能化和网联化需要有相应的控制单位来实现，通过与整车 ECU 或 VCU 的集成可实现，通过单独的控制器也可实现，不管什么模式，控制器与 ECU 或 VCU 之间的通讯是必须的，通过对发动机或车辆运行工况的识别，判断车辆运行工况、驾驶员意图，进而实现对车辆的控制。控制器软件功能的开发对智能化和网联化功能的实现具有重要的意义，这是智能化和网联化实现的核心之一。随着车辆功能的不断增加，车内的传感器、控制器和执行器越来越多，各零部件之间的电磁干涉不断增加，为保证整车电器功能的正常运行，车辆开发过程中必须进行电磁干扰测试，这是整车匹配验证的重要试验之一。

三、燃料电池汽车匹配设计

近年来，燃料电池汽车技术得到了飞速的发展，日本和欧美燃料电池汽车的发展相对我国更快。其中日本燃料电池技术领先我国约 10 年时间，日本丰田和本田均量产了搭载燃料电池技术的乘用车，日本每年各类燃料电池汽车的销售量可达到近万辆。近年来，我国对燃料电池技术的研究不断进步，上汽、宇通等汽车公司和清华大学、同济大学等高校一起，已开始进行燃料电池汽车集成和控制技术的研究。

相对于传统燃油车，燃料电池汽车没有传统意义上的发动机，取而代之的是燃料电池发动机。燃料电池发动机是由燃料电池电堆和相关辅助系统（氢气系统、空气系统、增湿系统、水热管理系统等）在一起组成的一套能实现氢气发电的整套系统的总称。氢气通过氢气系统，以一定的形式进入燃料电池电堆，与空气系统的氧气进行化学反应，氢原子与氧原子结合转化为水，电子流动进而产生电能。为了保证燃料电池电堆的正常运行，需要对进入电堆的空气进行加湿（最先进的技术已经可取消加湿系统），保持空气的湿润；水热管理系统保证燃料电池电堆内部处于合理的问题范围内。温度过低，燃料电池电堆无法正常工作或工作效率偏低；温度过高，燃料电池电堆超过过热保护，同样无法正常工作。

燃料电池汽车匹配设计过程中，重点是从燃料电池相关系统的设计要求出发，确保燃料电池系统正常高效的工作，做好氢气系统（含氢气引射系统）的设计以及空气系统（含加湿系统和增压系统）、水热管理系统和电控系统等方面的匹配设计工作。

参考文献

[1] 禹华谦．工程流体力学 [M]．北京：高等教育出版社，2017.
[2] 陈小榆．工程流体力学 [M]．北京：石油工业出版社，2015.
[3] 陈家瑞．汽车构造 [M]．北京：人民交通出版社，2010.
[4] 陆际清，等．汽车发动机燃料供给与调节 [M]．北京：清华大学出本社，2002.
[5] 杨波，等．汽车发动机构造与维修 [M]．北京：北京理工大学出版社，2017.
[6] 麻友良．汽车电器与电子控制系统 [M]．北京：机械工业出版社，2016.
[7] 谭本忠．汽车发动机构造与维修图解教程 [M]．北京：机械工业出版社，2016.
[8] 胡光辉，仇亚莉．汽车自动变速器原理与检修 [M]．北京：机械工业出版社，2008.
[9] 陈新亚．汽车为什么会跑：图解汽车构造与原理 [M]．北京：机械工业出版社，2016.
[10] 毛红孙．汽车电子控制装置 [M]．北京：中国劳动社会保障出版社，2013.
[11] 简晓春，杜仕武．现代汽车技术及应用 [M]．北京：人民交通出版社，2005.
[12] 李文斌，等．先进制造技术 [M]．武汉：华中科技大学出版社，2014.
[13] 机械工程师手册编委会．机械工程师手册 [M]．北京：机械工业出版社，2007.
[14] 周凤云．工程材料及应用 [M]．武汉：华中科技大学出版社，2014.
[15] 蔡敢为，等．机械振动学 [M]．武汉：华中科技大学出版社，2012.
[16] Vivek D. Bhise. 汽车设计中的人机工程学 [M]．李惠彬，译．北京：机械工业出版社，2014.
[17] 殷陈君．人体工程学 [M]．北京：化学工业出版社，2014.
[18] 北京德尔福技术开发有限公司 EOBD 项目开发建议方案，2005.
[19] 国家环保总局．轻型汽车污染排放限值及测量方法 GB 18352.3—2005，2007.
[20] 刘显臣．汽车 NVH 综合技术 [M]．北京：机械工业出版社，2014.
[21] 蒋德明，等．高等车用内燃机原理 [M]．西安：西安交通大学出版社，2006.
[22] 张翼，苏铁熊．内燃机设计 [M]．北京：北京航空航天大学出版社．2016.